W0090353

Vorwort

Diese Darstellung der **Außenwirtschaft** entspricht inhaltlich den einschlägigen universitären Veranstaltungen. Sie soll vor allem dem Studenten beim *systematischen Vor- und Nacharbeiten* helfen und als *Repetitorium* für Klausur und Examen dienen.

Viele Lehrbücher zum Thema Außenwirtschaft sind sehr umfangreich; oft wird auch das "Steckenpferd" des Autors bevorzugt dargestellt. Das ist legitim, führt aber dazu, daß ein *knapper* und *präziser* Führer, der das Thema verständlich und strukturiert darstellt, bislang fehlt. Der Leser, der sich einen *Überblick* über Außenwirtschaft verschaffen möchte, steht einer erschwerten Situation gegenüber.

Diesen Überblick verschafft die vorliegende Darstellung, die nun in einer neuen Auflage erschienen ist. Zweifellos wäre es am besten, alle wichtigen Lehrbücher über Außenwirtschaft zu lesen. Für die meisten Leser ist das aber ein zu hoher Zeitaufwand. Unabhängig davon eignet sich diese Darstellung auch als *Einstieg* in eine vertiefte Auseinandersetzung mit dem Thema.

Bei der Gestaltung von **Außenwirtschaft** erhielten, wie in der gesamten Reihe, die folgenden drei Merkmale besonderes Gewicht:

- **Klare Struktur** und **Übersichtlichkeit**: Oberbegriffe erscheinen bei der ersten Erwähnung **fettgedruckt**; wichtige Sachverhalte werden durch Unterstreichen oder durch *Kursivschrift* hervorgehoben. Durch Einrücken werden Unterteilungen und Beispiele gekennzeichnet. Die Terminologie in der Literatur ist leider nicht einheitlich; wir haben den jeweils *meistverwendeten* oder *verständlichsten Terminus* benutzt. Trotzdem wurden andere, ebenfalls verwendete Begriffe nach der ersten Erwähnung des Terminus in Klammern aufgezählt, um dem Leser die Orientierung im von ihm verwendeten Lehrbuch zu erleichtern.

- **Abbildungen** und **Tabellen**: Die verbale Darstellung wird in wesentlichen Teilen durch übersichtliche und prägnante *Abbildungen* bzw. *Tabellen* zusammengefaßt.

- **Beispiele** und **Übungsaufgaben**: *Beispiele* und deren *Lösungen* tragen zum besseren Verständnis bei. Außerdem haben wir zur Lernkontrolle *Übungsaufgaben* – ebenfalls mit *Lösungen* – eingefügt, in denen noch einmal auf die für das Gesamtverständnis wichtigen Sachverhalte eingegangen wird.

Für eine optimale Klausurvorbereitung schlagen wir vor:
1. Zur Vorstrukturierung **Außenwirtschaft** bei Semesterbeginn zügig, aber ganz zu lesen; Geschwindigkeit hat dabei Vorrang vor dem Verständnis aller Details;
2. während des Semesters **Außenwirtschaft** veranstaltungsbegleitend gründlich durchzuarbeiten und durch Randbemerkungen zu ergänzen; und
3. am Semesterende **Außenwirtschaft** zur Wiederholung nochmals zu lesen.

Viel Spaß bei der Lektüre!

Karl-Heinz Thielmann
Nikolaus Rollwage

Inhaltsverzeichnis

1 Einführung

Die Außenwirtschaftstheorie wird in die reale und die monetäre Theorie eingeteilt.

Die zentralen Fragen der **realen** (reinen) **Außenwirtschaftstheorie** (Kapitel 2) sind:

- Warum gibt es Außenhandel; wie sind seine Strukturen, Richtung und Ausmaß?
- Was bestimmt die realen Austauschverhältnisse *(Terms of Trade)*?
- Welche Vorteile bringt der Außenhandel für Gruppen und Individuen, für die einzelnen Länder und für die Welt insgesamt?

Gegenstand der realen Theorie sind also im wesentlichen die mikroökonomischen Fragestellungen in der offenen Volkswirtschaft. Die reale Theorie basiert vor allem auf Überlegungen von Ökonomen der **Klassik** (insbesondere RICARDO und MILL) und der **Neoklassik** (vor allem HECKSCHER, OHLIN, SAMUELSON und MEADE). Wie in der Mikroökonomie stehen bei der Analyse der realen Austauschverhältnisse die *relativen Preise* zwischen den Gütern im Mittelpunkt; vom Geld wird abstrahiert.

Eine Anwendung findet das Instrumentarium der realen Theorie in der *Theorie der protektionistischen Handelspolitik* (Abschnitt 2.5), die sich mit der praktischen Gestaltung der Handelsbeziehungen und den Konsequenzen staatlicher Eingriffe in den internationalen Warenaustausch befaßt.

Im Gegensatz zur realen Theorie geht es in der **monetären Außenwirtschaftstheorie** (Kapitel 3) um die makroökonomischen Fragestellungen in der offenen Volkswirtschaft, also um die Analyse der Zusammenhänge zwischen Außenhandel, Sozialprodukt, Beschäftigung und Preisniveau sowie Geld- und Fiskalpolitik. Zentrales Element der monetären Theorie ist die *Analyse der Zahlungsbilanz* (Abschnitt 3.1 und folgende), in der die grenzüberschreitenden Güter- und Kapitalströme erfaßt werden, und die somit die weltwirtschaftliche Einbindung eines Landes widerspiegelt.

Die ersten, die sich mit der Zahlungsbilanz ökonomisch auseinandersetzten, waren die **Merkantilisten**. Bei ihren Überlegungen stand im Vordergrund, wie durch Außenwirtschaft der Reichtum des eigenen Landes bzw. des regierenden Fürsten gemehrt und potentielle Gegner geschädigt werden konnten. Sie empfahlen eine Handelspolitik, die Exporte fördern und Importe behindern sollte, um Zahlungsbilanzüberschüsse zu erzielen, die wiederum zu Goldzuflüssen und damit zu einem Machtzuwachs führen sollten.

Die Klassiker (auch hier insbesondere RICARDO) konnten allerdings zeigen, daß eine solche Politik automatisch zum Scheitern verurteilt ist, weil es Selbststabilisierungsmechanismen gibt, die die Zahlungsbilanz immer wieder ins Gleichgewicht bringen und das dauerhafte Streben nach Überschüssen und Goldzuflüssen vereiteln. Mit dieser Analyse des automatischen Zahlungsbilanzausgleichs begann die **moderne monetäre Theorie** (die klassische Analyse entspricht im wesentlichen derjenigen in Abschnitt 3.4.1), die im dritten Kapitel dargestellt wird.

Im weiteren Text werden die Merkantilisten nicht mehr berücksichtigt, obwohl ihre scheinbar plausiblen Argumente in der öffentlichen Diskussion und damit auch in der Politik auch heute noch eine gewisse Rolle spielen.

Seit den Klassikern wurde die monetäre Theorie kontinuierlich weiterentwickelt. Die Währungssysteme entwickelten sich vom Goldstandard über das Breton-Woods-System (feste Wechselkurse) hin zu einem System flexibler Wechselkurse in den siebziger Jahren; entsprechend verlagerte sich in den letzten Jahrzehnten das Interesse vom *Zahlungsbilanzausgleich* (Abschnitt 3.4) auf internationale konjunkturelle Phänomene, beispielsweise die *importierte Inflation* (Abschnitt 3.5) und die Erklärung des Wechselkurses. Insbesondere die *Wechselkurstheorie* (Abschnitt 3.6) mit neueren Entwicklungen wie DORNBUSCHs *Overshooting-Modell* und dem *Finanzmarktansatz* bilden einen weiteren Schwerpunkt dieses Titels.

Den Abschluß bildet die in den letzten Jahren wegen der Diskussion um das Europäische Währungssystem sehr aktuell gewordene *Theorie der Währungsunionen* (Abschnitt 3.7).

2 Reale Theorie der Außenwirtschaft

Export ist, wenn die andern kaufen sollen, was wir nicht kaufen können; auch ist es unpatriotisch, fremde Waren zu kaufen; daher muß das Ausland einheimische, also deutsche Waren konsumieren, weil wir sonst nicht konkurrenzfähig sind.

(KURT TUCHOLSKY)

2.1 Kostentheoretische Grundlagen

2.1.1 Absolute und komparative Kostenvorteile

ADAM SMITH setzte sich als erster ausführlich den Bestimmungsgründen des Außenhandels und der internationalen Arbeitsteilung auseinander. Für ihn gab es im wesentlichen drei Ursachen:

1. Es werden Güter nachgefragt, die im Inland nicht hergestellt werden können.

2. Exporte dienen als Ventil für Überschußproduktion im Ausland (**vent for surplus**).

3. Die Produktionskosten für ein Gut sind in einem Land geringer als in einem anderen Land. Wenn der Kostenunterschied die Transportkosten zwischen den Ländern übersteigt, entsteht Außenhandel (**Prinzip der absoluten Kostenvorteile**).

Insbesondere mit dem Prinzip der absoluten Kostenvorteile lenkte SMITH den Blick auf Kostenunterschiede als Grund für Außenhandel. Dennoch konnte SMITH viele Formen des Außenhandels nicht erklären. Dies war erst möglich, als THORENS (1808) und RICARDO (1817) mit ihrem **Prinzip der komparativen Kostenvorteile** zeigten, daß für die Aufnahme von Außenhandel nicht Unterschiede in den absoluten Kosten, sondern *Unterschiede in den relativen* (vergleichsweisen) *Kosten* entscheidend sind.

RICARDO ging bei seiner Analyse von dem *MATHUAN-Vertrag* aus, der 1703 von JOHN MATHUAN zwischen England und Portugal ausgehandelt worden war. In ihm war vereinbart worden, daß Portugal auf den Aufbau einer eigenen Tuchindustrie verzichtete und englisches Tuch kaufte; im Gegenzug räumte England portugiesischem Wein einen Zollvorteil von 33 % ein. Aufgrund dieses Vertrages kam es zur Aufnahme von Außenhandel zwischen England und Portugal, zur Spezialisierung auf die Weinproduktion in Portugal und auf die Tuchproduktion in England und, wie RICARDO zeigte, zu einer verbesserten Versorgung mit Tuch und Wein für beide Länder.

Im folgenden werden RICARDOs Überlegungen beispielhaft nachvollzogen; dabei wird England als Inland und Portugal als Ausland bezeichnet. Als Handelsgüter werden Tuch und Wein gewählt. Die obere Tabelle auf der nächsten Seite zeigt die Produktions- und Versorgungsverhältnisse bei Autarkie (= ohne Außenhandel).

Nach dem Prinzip der absoluten Kostenvorteile würde kein Außenhandel zustande kommen, weil das Ausland sowohl bei der Tuchproduktion als auch bei der Weinproduktion überlegen ist (linke Spalte). Beim Wein ist die Überlegenheit des Auslandes (= Unterlegenheit des Inlandes) vergleichsweise (= komparativ) am größten (150 Faß gegenüber 60 Faß, d.h. +150 %); beim Tuch vergleichsweise am geringsten (+50 %). Komparativ gesehen hat also das Ausland bei Wein einen Vorteil und bei Tuch einen Nachteil. Nach RICARDO kommt es in dieser Situation zur Aufnahme von für beide Länder vorteilhaftem Außenhandel gemäß dem **Prinzip der komparativen Kostenvorteile**:

"Nach der Aufnahme des Außenhandels spezialisiert sich jedes Land auf die Erzeugung jener Güter, bei denen es einen komparativen Vorteil besitzt, und tauscht die nicht selbst verbrauchten Überschüsse gegen andere Güter, die es nur mit einem komparativen Nachteil erzeugen könnte."

Autarkie	Produktionsmöglichk. bei Einsatz aller Faktoren	Kostenverhältnisse	Preisverhältnisse bei Autarkie (Annahme)	nationale Versorgung bei Autarkie (Beispiel)
Inland (England)	120 Ballen Tuch oder 60 Faß Wein	2 Ballen Tuch gegen 1 Faß Wein	2 Ballen Tuch gegen 1 Faß Wein	40 Ballen Tuch und 40 Faß Wein
Ausland (Portugal)	180 Ballen Tuch oder 150 Faß Wein	1,2 Ballen Tuch gegen 1 Faß Wein	1,2 Ballen Tuch gegen 1 Faß Wein	60 Ballen Tuch und 100 Faß Wein
Welt Insgesamt				100 Ballen Tuch und 140 Faß W.

In diesem Beispiel könnte sich - beispielsweise für ein Weltmarktpreisverhältnis von 1,5 Ballen Tuch für 1 Faß Wein - ergeben:

Außenhandel	nationale Produktion bei Außenhandel	Exporte gegen Importe	nationale Versorgung bei Außenhandel (Beispiel)	Gewinn durch Außenhandel
Inland (England)	120 Ballen Tuch	72 Ballen Tuch gegen 48 Faß Wein	48 Ballen Tuch 48 Faß Wein	+ 8 Ballen Tuch + 8 Faß Wein
Ausland (Portugal)	150 Faß Wein	48 Faß Wein gegen 72 Ballen Tuch	102 Faß Wein 72 Ballen Tuch	+ 2 Faß Wein + 12 Ballen Tuch
Welt Insgesamt				+ 10 Faß Wein + 20 Ballen Tuch

Geometrisch läßt sich dies wie folgt abbilden (TR = Transformationskurve, C = Konsumpunkt, P = Produktionspunkt, PV = Preisverhältnis):

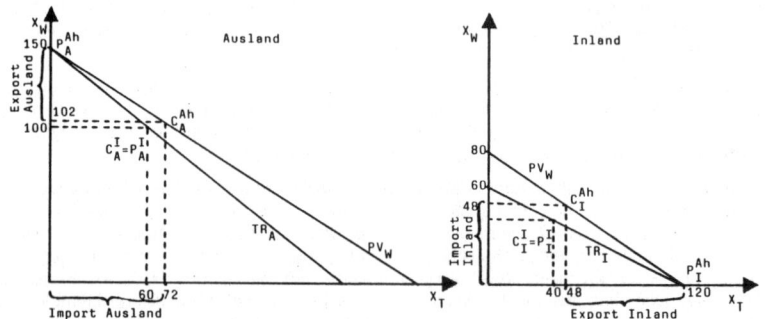

In der Abbildung bezeichnet ein hochgestellter Index I eine Situation bei Isolation (= ohne Außenhandel) und ein hochgestellter Index Ah eine Situation mit Außenhandel. Ein tiefgestellter Index I steht für Inland, ein tiefgestellter Index A für Ausland und W für den Weltmarkt. Als **Transformationskurve** (Produktionsmöglichkeitskurve) bezeichnet man den geometrischen Ort aller effizienten Gütermengenkombinationen, die unter Verwendung aller verfügbaren Ressourcen produziert werden können (vgl. *Mikroökonomik*, Abschnitte 1.1 und 4.2.3.3); im Beispiel also alle Kombinationen von Tuch und Wein, die bei Einsatz aller Faktoren erzeugt werden können.

Bei Isolation sind Konsumpunkt und Produktionspunkt sowohl im Inland als auch im Ausland identisch ($C^I = P^I$). Bei Außenhandel fallen beide Punkte auseinander; der Konsumpunkt liegt dabei höher als bei Isolation. Bei Isolation gilt in beiden Ländern, daß die Grenzrate der Transformation (= Steigung der Transformationskurve TR) dem Preisverhältnis entsprechen muß (vgl. *Mikroökonomik*, Abschnitt 4.2.3.3). Weil hier lineare Transformationskurven vorliegen, ist die Grenzrate der Transformation auf der ganzen Kurve gleich. Ein durch internationalen Güteraustausch erreichtes einheitliches Preisverhältnis ist nur möglich, wenn die Grenzraten der Transformation differieren und ein Preisverhältnis zwischen ihnen gefunden werden kann (im Beispiel: 1,2 < 1,5 < 2).

Wenn sich also Produktion und Konsum in allen Ländern an der Ausnutzung komparativer Kostenunterschiede orientieren, entsteht durch internationalen Handel ein Preisverhältnis zwischen den nationalen Preisverhältnissen bei Autarkie und eine Güterversorgung, die über den Produktionsmöglichkeiten eines jeden Landes bei Autarkie liegt.

Im Beispiel sind wir von **linearen Transformationskurven** ausgegangen. Diese Annahme führt bei der Aufnahme von Außenhandel zur *vollständigen Spezialisierung* der betrachteten Länder auf die Produktion des Gutes mit einem komparativen Kostenvorteil; es sei denn, ein sehr großes Land handelt mit einem sehr kleinen Land.

In diesem Fall kommt es nur in dem kleinen Land zu einer *vollständigen Spezialisierung*, im großen Land hingegen zu einer *unvollständigen Spezialisierung*, weil die Nachfrage des großen Landes nach Gütern mit einem komparativen Nachteil nicht voll durch Importe gedeckt werden kann:

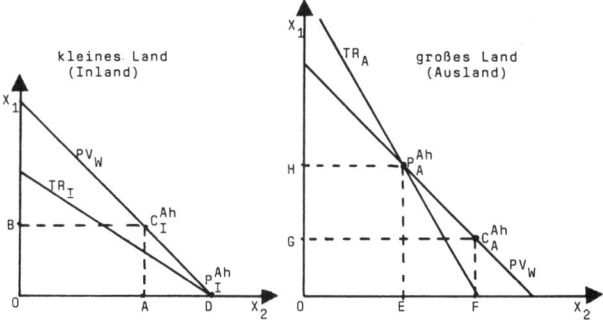

In der Abbildung ist die Produktion des kleinen Landes (= Inland) OD, hiervon wird AD exportiert, die Importe sind OB. Das große Land (= Ausland) stellt OH und OE her, importiert EF (= AD) und exportiert GH (= OB).

Der Normalfall sind jedoch **konkave Transformationskurven** (Voraussetzungen für lineare Transformationskurven sind die Annahme linear-homogener Produktionsfunktionen und konstanter Faktorintensitäten, vgl. hierzu *Mikroökonomik*). Bei konkaven Transformationskurven kommt es zu *unvollständiger Spezialisierung:* Jedes Land stellt weiterhin alle Güter her, diejenigen mit komparativen Kostennachteilen jedoch in geringerem Maß, als sie konsumiert werden (die Differenz wird importiert). Von Gütern mit komparativen Kostenvorteilen wird mehr hergestellt als konsumiert (die Differenz wird exportiert).

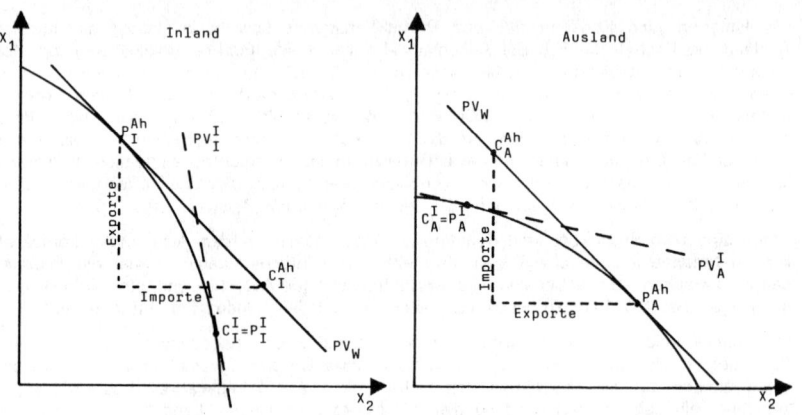

Konvexe Transformationskurven entstehen bei zunehmenden Skalenerträgen (= economies of scale = increasing returns to scale; d.h. sinkenden Durchschnittskosten in der Produktion, vgl. *Mikroökonomik*, Abschnitt 3.2.3.2). Konvexe Transformationskurven führen bei Außenhandel normalerweise zu einer *vollständigen Spezialisierung:*

Im Fall zunehmender Skalenerträge entsteht auch ohne komparative Kostenunterschiede eine vollständige Spezialisierung, weil so die beteiligten Länder die Vorteile der Kostendegression bei steigender Produktionsmenge ausnützen können.

Offen geblieben ist bisher, wie sich die Konsumpunkte ergeben. Dies hängt von den Nachfragebedingungen ab, die wir jedoch erst in den Abschnitten 2.2 und 2.3 untersuchen. Bis dahin werden diese Punkte als gegeben angenommen.

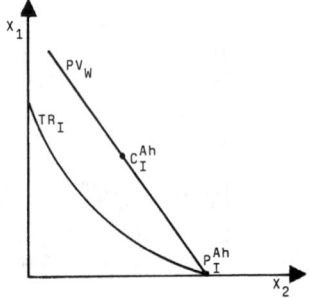

2.1.2 Ursachen komparativer Kostenunterschiede

Komparative Kostenunterschiede lassen sich auf zwei wesentliche Ursachen zurück-führen:

1. **Unterschiedliche Produktivität der Produktionsfaktoren** in den einzelnen Ländern *(Erklärung der Klassiker)*.

   Die Klassiker bezogen sich hierbei auf Unterschiede in den globalen Faktorprodukti-vitäten, d.h. den Verhältnissen zwischen Produktionsergebnissen und Einsatzmengen aller Faktoren.

   Beispiel: Zwei Länder A und B sind mit gleichen Faktormengen (z.B. der Faktoren Arbeit und Boden) ausgestattet. Es existieren zwei Güter, Gut 1 und Gut 2.

   - Wenn Land A bei gegebener Faktoreinsatzmenge zwar mehr Mengeneinheiten von Gut 1, aber weniger Mengeneinheiten von Gut 2 herstellen kann als B, hat A *absolute* (und gleichzeitig *komparative*) *Kostenvorteile* für Gut 1.

   - Wenn Land A bei gegebener Faktoreinsatzmenge sowohl weniger Mengeneinhei-ten von Gut 1 als auch von Gut 2 herstellen kann als B *(absolute Kostennach-teile* bei beiden Gütern), könnte trotzdem die Unterlegenheit von A bei den bei-den Gütern unterschiedlich groß sein; in diesem Fall hat Land A *komparative Kostenvorteile* für das Gut mit der geringeren Unterlegenheit.

2. Die Länder sind mit ihren **Produktionsfaktoren in einem unterschiedlichem Verhältnis** ausgestattet *(Erklärung der Neoklassiker)*.

   Die Neoklassiker betrachteten also die Unterschiede in den Faktorproportionen, die dann zu unterschiedlichen Transformationskurven in den verschiedenen Ländern füh-ren, d.h. das Verhältnis, in dem die Faktormengen zueinander stehen (unterschiedli-che absolute Faktormengen sind irrelevant).

   Grundlegend für die Analyse der Neoklassiker war das **Faktorproportionentheorem** von HECKSCHER und OHLIN:

   "Die komparativen Kostenunterschiede resultieren aus der unterschiedlichen Aus-stattung mit Produktionsfaktoren. Diejenigen Güter werden exportiert, die mit Faktoren hergestellt werden, mit denen die Volkswirtschaft besonders gut ausge-stattet ist und die deshalb relativ billig sind."

   Beispiel:

Industrieland	Agrarland
relativ reich an Kapital	relativ reich an Boden
(=> Kapital ist relativ billig);	(=> Boden ist relativ billig);
relativ arm an Boden	relativ arm an Kapital
(=> Boden ist relativ teuer)	(=> Kapital ist relativ teuer)
=> exportiert kapitalintensiv hergestellte Güter; importiert bodenintensiv hergestellte Güter	=> exportiert bodenintensiv hergestellte Güter; importiert kapitalintensiv hergestellte Güter

Die Faktorausstattung bestimmt also die relativen Faktorpreise und diese bestimmen die komparativen Kostenunterschiede.

Zu Beginn der sechziger Jahre stellte LEONTIEF das Faktorproportionentheorem in Frage. In Input-Output-Analysen hatte er festgestellt, daß die im Vergleich zu anderen Ländern hochindustrialisierten USA vor allem kapitalintensiv produzierte Güter importierten und vor allem arbeitsintensiv hergestellte Güter exportierten (**LEONTIEF-Paradox**); das Faktorproportionentheorem wird also umgekehrt. Die hierauf einsetzende Diskussion konnte das Paradox auflösen; sie zeigte, daß es für die Gültigkeit des Faktorproportionentheorems nicht nur auf das Verhältnis der Faktormengen ankommt, sondern auch auf die Qualität dieser Faktormengen. So besitzen die USA als Industrieland auch in besonderem Maße hochqualifizierte und sehr produktive Arbeitskräfte; sie haben also Vorteile in der Ausstattung mit Humankapital. Dieses Ergebnis führte zur Formulierung des **Neofaktorproportionentheorems**:

"Länder, die relativ reichlich mit qualifizierter Arbeit ausgestattet sind, exportieren vor allem Produkte, die qualifizierte Arbeit intensiv nutzen."

In der Folge stellte SAMUELSON weitere Überlegungen an und formulierte das **Faktorpreisausgleichstheorem**:

"Mit zunehmender Spezialisierung ergibt sich eine Tendenz zur Angleichung der Faktorpreisrelationen."

Beispiel:

Land A: komparative Kostenvorteile für arbeitsintensive Produktion	**Land B**: komparative Kostenvorteile für kapitalintensive Produktion
=> bei Außenhandel wird die arbeitsintensive Produktion erhöht und die kapitalintensive Produktion reduziert	=> bei Außenhandel wird die kapitalintensive Produktion erhöht und die arbeitsintensive Produktion reduziert
=> die Nettonachfrage nach Arbeit steigt; die Nettonachfrage nach Kapital sinkt	=> die Nettonachfrage nach Kapital steigt; die Nettonachfrage nach Arbeit sinkt
=> Kapital wird billiger; Arbeit wird teurer	=> Arbeit wird billiger; Kapital wird teurer

=> **Tendenz zur Annäherung der Faktorpreise**

Voraussetzung für die Gültigkeit des Faktorpreisausgleichstheorems ist ein konstantes oder international mobiles Faktorangebot. Geht man aber von der Annahme aus, daß das Faktorangebot in einem Land variabel und international immobil ist, kommt man zu einem genau entgegengesetzten Ergebnis, dem **RYBCZYNSKI-Theorem**:

"Die Aufnahme von Außenhandel führt durch die Reaktion des Faktorangebotes zu einer immer weitergehenden Spezialisierung; die internationale Arbeitsteilung verstärkt sich selbst."

Beispiel: Natürliche Faktorausstattung: komparative Kostenunterschiede bei der Produktion aufgrund unterschiedlicher Faktorproportionen

=> Aufnahme von Außenhandel gemäß den komparativen Kostenunterschieden

=> Spezialisierung auf Gut mit komparativem Kostenvorteil

=> Preiserhöhung des für den komparativen Kostenvorteil verantwortlichen Faktors

=> elastische Reaktion des Faktorangebots

=> Mengenausdehnung des Faktors mit komparativem Kostenvorteil

=> Verstärkung des komparativen Kostenvorteils

=> **Verstärkung der Spezialisierung und der internationalen Arbeitsteilung**

Handelsbeziehungen kommen also nicht nur aufgrund von komparativen Kostenunterschieden zustande, ebendiese Handelsbeziehungen verändern auch die komparativen Kostenvorteile und -nachteile.

Beispiel: Wir nehmen an, daß x_1 ein arbeitsintensiv und x_2 ein kapitalintensiv hergestelltes Gut ist, daß das Inland komparative Vorteile bei der Produktion von x_2 hat und daß die Faktoren Arbeit im In- und Ausland sowie Kapital im Ausland konstant bleiben, während das Kapitalangebot im Inland aufgrund zunehmender Spezialisierung zunimmt. Dann steigt die Produktion von x_2 nach Aufnahme von Außenhandel; die elastische Reaktion des Faktorangebotes verschiebt die Transformationskurve nach rechts, worauf eine weitere Spezialisierung auf x_2 erfolgt.

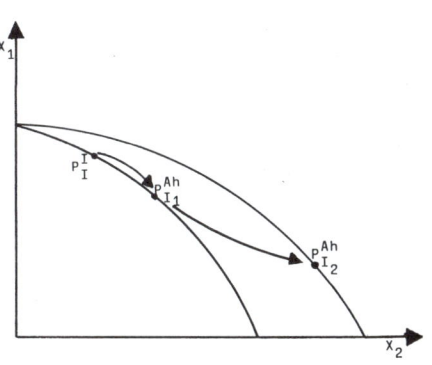

2.2   Nachfragetheoretische   Grundlagen

2.2.1 Reziproke Nachfrage und Realaustauschverhältnis

Zentrales Element der Nachfrageanalyse ist die **Tauschkurve** (MARSHALLs **offer curve**), die Exportangebots- und Importnachfragekurve eines Landes zugleich ist (s. Abb. nächste Seite). Sie gibt an, *wieviele Mengeneinheiten eines Importgutes ein Land gegen wieviele Mengeneinheiten eines Exportgutes bei unterschiedlichen Austauschverhältnissen (= Preisrelationen) austauschen würde.* Sie ergibt sich aus dem Verhältnis der

Dringlichkeit der Nachfrage nach einem Gut, das aufgrund eines produktionstechnischen Nachteils aus dem Ausland bezogen wird, und dem Gut, das aufgrund eines produktionstechnischen Vorteils exportiert wird. Je dringlicher die Inlandsnachfrage nach dem Importgut x^{ImInl} im Vergleich zur Dringlichkeit der Inlandsnachfrage nach dem Exportgut ist (auf dessen Konsum bei Export verzichtet werden muß), desto flacher verläuft die Tauschkurve.

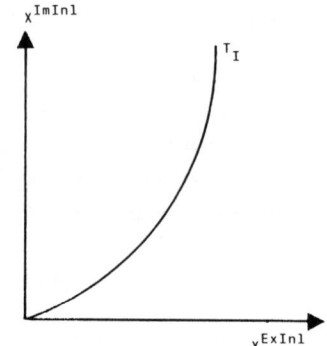

Der gebogene Verlauf der Tauschkurve resultiert daraus, daß mit zunehmender Menge des importierten Gutes die Sättigung des Inlands mit diesem Gut steigt und damit die Bereitschaft sinkt, für das ausländische Gut inländische Güter herzugeben.

Weil die Tauschkurve die wechselseitige Abhängigkeit von Exportangebot und Importnachfrage ausdrückt, wird sie auch als **reziproke** (= wechselseitige) **Nachfrage** bezeichnet.

Wenn wir analog zur inländischen Tauschkurve T_I eine Tauschkurve für das Ausland T_A einfügen, erhalten wir im Schnittpunkt das **Weltmarktgleichgewicht**, in dem die Tauschpläne von Inland und Ausland übereinstimmen (Abb. rechts).

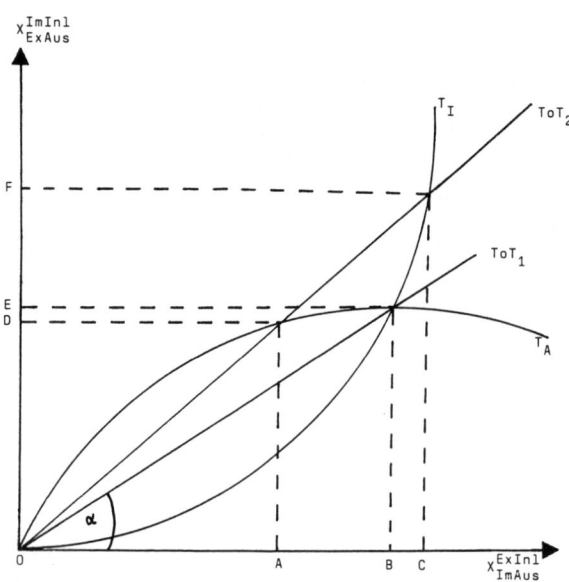

Das **Tauschverhältnis am Weltmarkt** (= Preisverhältnis = **Terms of Trade** = Inlandsimportmenge/Inlandsexportmenge = tan α = Gegenkathete/Ankathete) ist hier ToT_1. Im Gleichgewicht sind die Exporte des Inlands gleich den Importen des Auslands gleich OB; die Importe des Inlands sind gleich den Exporten des Auslands sind gleich OE. Bei einem anderen Preisverhältnis von ToT_2 würde sich kein Gleichgewicht ergeben: Das Inland würde OC gegen OF tauschen wollen, das Ausland jedoch OD gegen OA. Ein Gleichgewicht kann nur erreicht werden, wenn sich das inländische Exportgut relativ zum ausländischen Exportgut verbilligt und so die Tauschpläne in Übereinstimmung gebracht werden.

Die **Elastizität der Tauschkurve** ε^T (Epsilon; zur Elastizität vgl. *Mikroökonomik*, Abschnitt 2.5.1) ist

$$\varepsilon^T = \frac{\text{prozentuale Änderung des realen Außenhandelswerts (Exportwerts)}}{\text{prozentuale Änderung der Terms of Trade}}$$

$$= \frac{\text{prozentuale Änderung} \quad (\text{Inlandsexportmenge (= } x^{ExInl}) \cdot \tan \alpha)}{\text{prozentuale Änderung} \quad \tan \alpha}.$$

Mit ihr kann man beschreiben, wie sich das Exportangebot mit steigendem Preisverhältnis anpaßt (Abb. rechts).

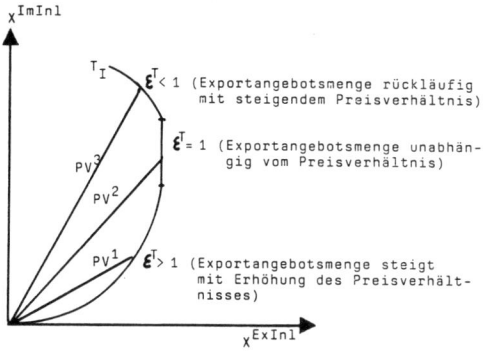

Wenn bei einer Veränderung der Terms of Trade das Gleichgewicht gestört wird (Abb. unten), ergibt sich ein stabiles Gleichgewicht nur dann wieder, wenn Ausgleichskräfte aktiviert werden, die den Ausgangszustand wieder herstellen (ε_A^T = Elastizität der ausländischen Tauschkurve, ε_I^T = Elastizität der inländischen Tauschkurve):

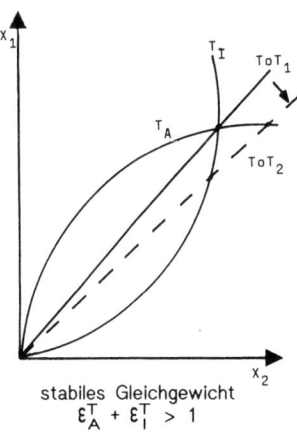

stabiles Gleichgewicht
$\varepsilon_A^T + \varepsilon_I^T > 1$

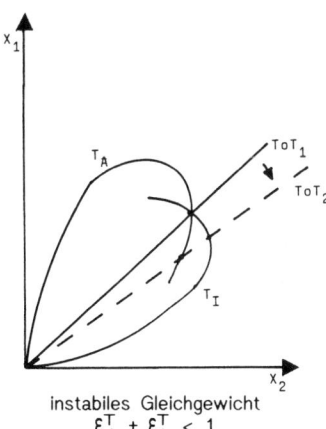

instabiles Gleichgewicht
$\varepsilon_A^T + \varepsilon_I^T < 1$

In einem stabilen Gleichgewicht ist die Summe der Elastizitäten der Tauschkurven größer als eins und in einem instabilen Gleichgewicht kleiner als eins (vgl. MARSHALL-LERNER-Bedingung, S. 43).

Wir nehmen nun eine Preiserhöhung von x_1 (= Auslandsexportgut = Inlandsimportgut) relativ zu x_2 (= Inlandsexportgut = Auslandsimportgut) an:

- Bei einem *stabilen Gleichgewicht* (Abb. S. 15 unten links) führt dies im Inland zu einer Angebotsverringerung von x_2 und zu einer Nachfrageverringerung von x_1. Im Ausland erhöht sich die Nachfrage nach x_2 und das Angebot an x_1 steigt. Am Weltmarkt kommt es zu einer Überschußnachfrage nach x_2 und zu einem Überschußangebot an x_1. In der Folge erhöht sich der Preis von x_2 wieder im Verhältnis zu x_1, die Terms of Trade steigen wieder, bis das alte Gleichgewicht wieder erreicht ist.

- Im *instabilen Gleichgewicht* (Abb. S. 15 unten rechts) ist x_1 für das Inland so wichtig, daß es bereit ist, mehr x_2 abzugeben, um ungefähr die bisherige Menge x_1 zu erhalten. Das Inlandsangebot für x_2 dehnt sich also sehr stark aus. Im Ausland hingegen sinkt die Bereitschaft zum Außenhandel, sowohl das Angebot an x_1 als auch die Nachfrage nach x_2 gehen zurück. Dies hat zur Folge, daß x_2 im Verhältnis zu x_1 noch billiger wird; das Preisverhältnis bewegt sich weiter vom Gleichgewicht weg.

2.2.2 Soziale Indifferenzkurven

Bisher haben wir nicht erklärt, warum die Gesellschaft bestimmte Konsumpunkte aus der Menge der möglichen Konsumpunkte auswählt. Aus der Mikroökonomie ist bekannt, daß im Optimum die Grenzrate der Substitution (= Steigung der Indifferenzkurve) gleich der Grenzrate der Transformation (= Steigung der Transformationskurve) gleich dem Preisverhältnis ist (vgl. zur Herleitung dieser Bedingung *Mikroökonomik*, Abschnitt 4.2.3.3).

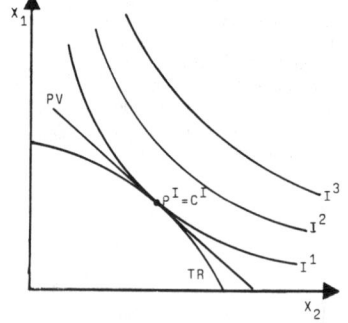

Was uns zur Ermittlung der Konsumpunkte noch fehlt, ist eine soziale Indifferenzkurve, in der sich die gesellschaftliche Nachfrage widerspiegelt (I^1 bis I^3). Außenhandel ermöglicht durch das Auseinanderfallen von Konsum- und Produktionspunkt eine Realisation der Optimalbedingungen bei erhöhtem Nutzenniveau (vgl. Abb. gegenüberliegende Seite oben); die Bedingung für optimalen Konsum: *Preisverhältnis gleich Grenzrate der Substitution* ist im Konsumpunkt erfüllt, die Bedingung für optimale Produktion: *Preisverhältnis gleich Grenzrate der Transformation* im Produktionspunkt realisiert.

Individuelle Indifferenzkurven sind der geometrische Ort aller Kombinationen zweier Güter, die einem Haushalt gleichen Nutzen stiften (vgl. *Mikroökonomik*, Abschnitt 2.2.2). Soziale Indifferenzkurven sind eine Übertragung dieses Instruments auf die Gesamtnachfrage einer Gesellschaft; sie umfassen die Nachfrageentscheidungen aller Wirtschaftssubjekte einer Volkswirtschaft (statt derjenigen <u>eines</u> Haushaltes). **Soziale Indifferenzkurven** (community indifference curves) sind der *geometrische Ort aller Kombinationen zweier Güter, die einer <u>Gesellschaft</u> gleichen Nutzen stiften.* Die dabei unterstellte Vergleichbarkeit individueller und gesellschaftlicher Nachfrageentscheidungen ist nicht unproblematisch:

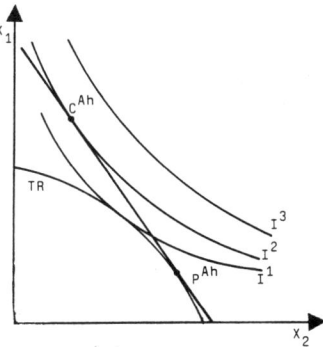

Eine Änderung der Verteilung (in der EDGE-WORTH-Box unten: C_1 => C_2) kann zu einer anderen gesellschaftlichen Indifferenzkurve (I_1 => I_2) führen, so daß sich für jede Kombination von x_1 und x_2 eine unbegrenzte Zahl sich schneidender Indifferenzkurven ergibt, von denen jede durch eine bestimmte Verteilung determiniert ist (zur hier gewählten Darstellungsform der EDGEWORTH-Box vgl. *Mikroökonomik*, Abschnitt 4.2.3.1)

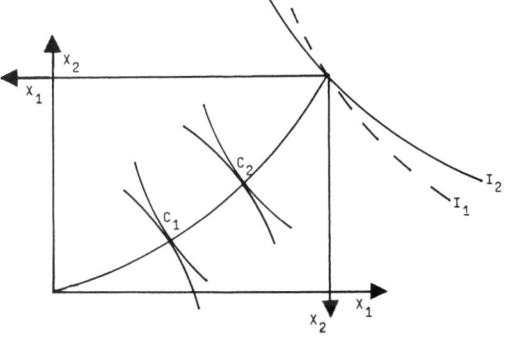

Wenn Indifferenzkurven sich schneiden, ist es nicht mehr möglich, logisch konsistent die Gesamtnachfrage der Gesellschaft zu bestimmen. Um zu verhindern, daß Konsistenzprobleme bei der Verwendung sozialer Indifferenzkurven auftreten und sie deshalb für die folgende Analyse unbrauchbar sind, muß deshalb mindestens eine der beiden folgenden Annahmen gelten, um sie zu "retten" und ein eindeutiges System von sich nicht schneidenden sozialen Indifferenzkurven abzuleiten:

- Alle Konsumenten eines Landes besitzen den gleichen Geschmack und besitzen in jeder Situation ein gleich großes Einkommen; oder

- die individuellen Präferenzen sind identisch und die Nutzenfunktionen homogen.

Aber auch bei Gültigkeit einer dieser Annahmen ist es nur möglich, die Nachfrage zu bestimmen, aber nicht möglich, Wohlfahrtsaussagen zu machen, weil eine Indifferenzkurve mit den verschiedensten individuellen Nutzenniveaus vereinbar ist. Will man Wohlfahrtsaussagen machen, muß man zusätzlich annehmen, daß es eine einzige, nicht veränderbare Einkommensverteilung gibt, weil so gewährleistet ist, daß sich bei einer Änderung die individuellen Nutzen gleichmäßig ändern.

Mit Hilfe der sozialen Indifferenzkurven läßt sich zeigen, daß auch <u>ohne</u> komparative Kostenunterschiede Außenhandel entstehen kann:

Dies ist der Fall, wenn sich die Konsumentenpräferenzen stark unterscheiden. In der rechten Abb. wird angenommen, daß beide Länder auf einer identischen Transformationskurve produzieren, weil das Inland eine große Vorliebe für x_1 und das Ausland eine große Vorliebe für x_2 hat.

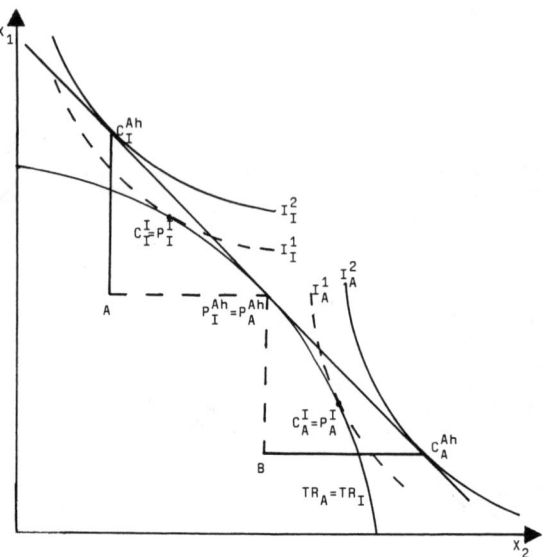

Bei extremen Präferenzunterschieden ist sogar **inverser Handel** möglich, d.h. ein *Austausch entgegen den komparativen Kostenunterschieden* (Abb. unten). Beim inversen Handel werden Güter, für die komparative Kostenvorteile im eigenen Land bestehen, importiert, und Güter, für die komparative Kostennachteile bestehen, exportiert.

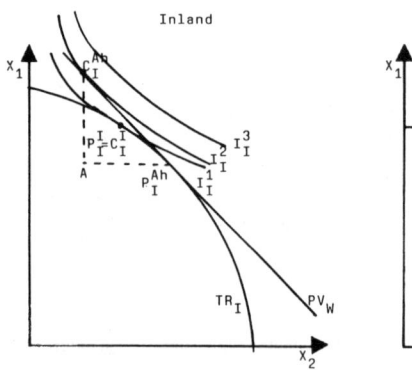

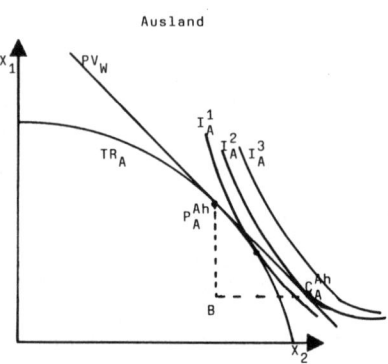

2.3 Weltmarktgleichgewicht

Mit Hilfe der sozialen Indifferenzkurven (=> Nachfragebedingungen) und der Transformationskurven (=> Angebotsbedingungen) lassen sich nun Angebot und Nachfrage
zusammenführen und das **Weltmarktgleichgewicht** bestimmen. Voraussetzung für die
Aufnahme von Außenhandel ist, daß die relativen Preise im autarken Zustand unterschiedlich sind, unabhängig davon, ob diese Differenzen durch Kosten- oder durch
Nachfrageunterschiede hervorgerufen wurden:

Produktivitätsunterschiede   Faktorausstattungsunterschiede

komparative Kostenunterschiede   reziproke Nachfrageunterschiede

Unterschiede in den relativen Preisen

Aufnahme von Außenhandel

Zur Analyse des Gleichgewichtstausch-verhältnisses am Weltmarkt wird übli-cherweise das auf MEADE beruhende Verfahren verwendet, mittels Produktions-blöcken und sozialen Indifferenzkurven so-genannte Handelsindifferenzkurven her-zuleiten. Handelsindif-ferenzkurven sind wiederum die Grund-lage für die Konstruk-tion der aus S. 13 ff. bekannten Tauschkur-ven, deren Schnitt-punkt das Weltmarkt-gleichgewicht ist. Aus-gangspunkt der Ana-lyse ist das **MEADE-sche Diagramm**, in dem die Darstellung von Inland, Ausland und Weltmarkt verei-nigt ist:

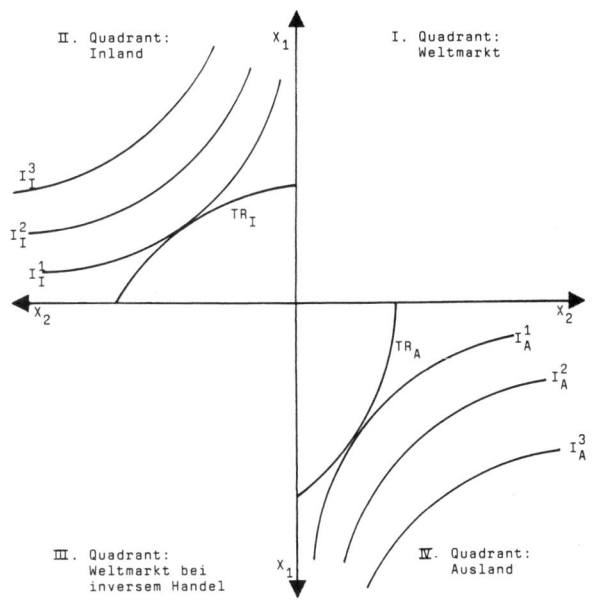

Das Inland hat in der Abb. auf S. 19 komparative Vorteile bei der Produktion von x_2, das Ausland komparative Vorteile bei der Produktion von x_1. **Handelsindifferenzkurven** sind *diejenigen Kombinationen von Exporten und Importen, die einer Gesellschaft gleichen Nutzen stiften.* Sie lassen sich geometrisch ableiten, indem man den Produktionsblock (Abb. oben rechts) an den Tangentialpunkten der sozialen Indifferenzkurven verschiebt. Die Verbindungslinie der Fußpunkte des Produktionsblocks ergibt die Handelsindifferenzkurve.

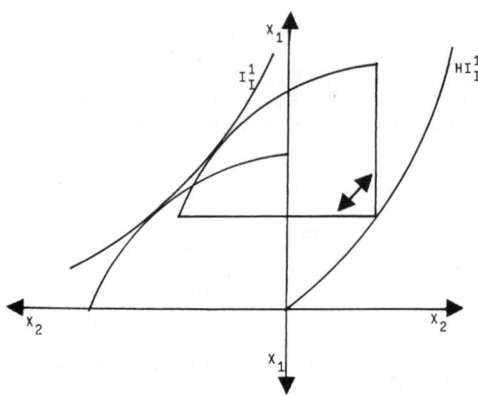

Beispiel: In der oberen Abb. ist I_I^1 das Nutzenniveau bei Autarkie; die daraus abgeleitete Handelsindifferenzkurve HI_I^1 gibt alle Export-Import-Kombinationen an, die den Nutzen des Inlands gegenüber dem isolierten Zustand unverändert läßt.

Um die Präferenzen der Gesellschaft für Export-Import-Wünsche bei einem höheren Nutzenniveau als bei Autarkie ausdrücken zu können, verschiebt man den Produktionsblock nach links (1), verschiebt ihn an den Tangentialpunkten mit einer erhöht liegenden Indifferenzkurve I^2 (2) und ermittelt wieder durch die Verbindung der Fußpunkte Handelsindifferenzkurven (hier: HI^2).

Auf diese Weise läßt sich für die Volkswirtschaft eine Schar von Handelsindifferenzkurven ermitteln, die jeweils Import-Export-Kombinationen gleichen Nutzens abbilden (Abb. gegenüberliegende Seite links).

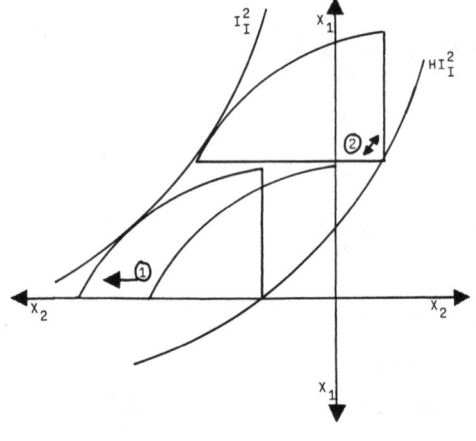

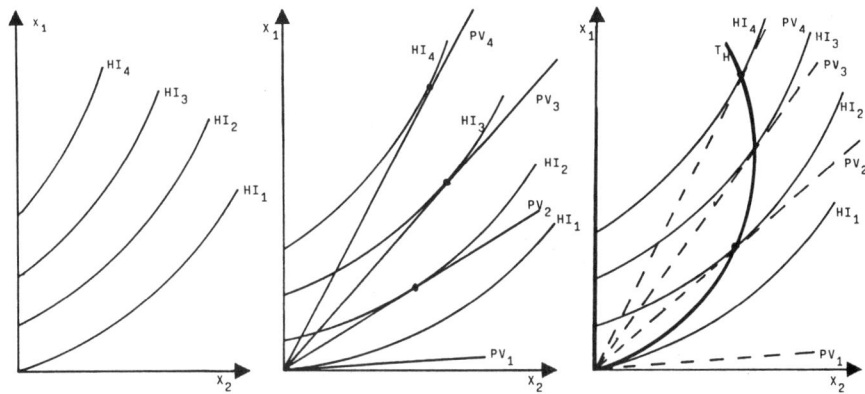

Durch das Einzeichnen von Weltmarktpreisverhältnissen (= Terms of Trade) lassen sich in den Tangentialpunkten zwischen den Preisverhältnissen und den Handelsindifferenzkurven optimale Punkte des Güteraustausches in Bezug auf ein Preisverhältnis bestimmen (mittlere Abb.). In diesen Berührungspunkten sind die Bedingungen für ein gesellschaftliches Optimum erfüllt: Die Grenzrate der Substitution ist gleich der Grenzrate der Transformation gleich dem Preisverhältnis. Verbindet man die Berührungspunkte, entsteht die bereits aus S. 13 ff. bekannte Tauschkurve (rechte Abb.). Die **Tauschkurve** ist also eine *Abbildung der gesellschaftlichen Optima bei Außenhandel.*

Auf gleiche Weise ermitteln wir die Tauschkurve für das Ausland. Der Schnittpunkt der beiden Tauschkurven ist das Weltmarktgleichgewicht. Zum Weltmarktgleichgewicht in der MEADEschen Darstellung vgl. Abb. auf der nächsten Seite: Das Inland exportiert BG und importiert OB; das Ausland exportiert AG und importiert OA.

Das **Weltmarktgleichgewicht** hat die folgenden Eigenschaften:

1. Alle Länder befinden sich im gesellschaftlichen Optimum (vgl. *Mikroökonomik,* Abschnitt 4.2.3.3), weil überall gilt, daß die Grenzraten der Substitution und der Transformation sowie das Preisverhältnis übereinstimmen.

2. Alle Länder haben ein höheres Versorgungsniveau als bei Autarkie.

3. Die Preisverhältnisse der Güter sind in jedem Land gleich dem Weltmarktpreisverhältnis *(klassischer unmittelbarer Preiszusammenhang).*

4. Kein Land kann seine Position weiter verbessern, ohne die Position eines anderen Landes zu beeinträchtigen.

5. In allen Ländern herrscht Vollausnutzung der Produktivkräfte.

6. Die Handelsbilanzen sind ausgeglichen; der Wert der inländischen Importe (= ausländischen Exporte) von x_1 entspricht dem Wert der inländischen Exporte (= ausländischen Importe) von x_2 .

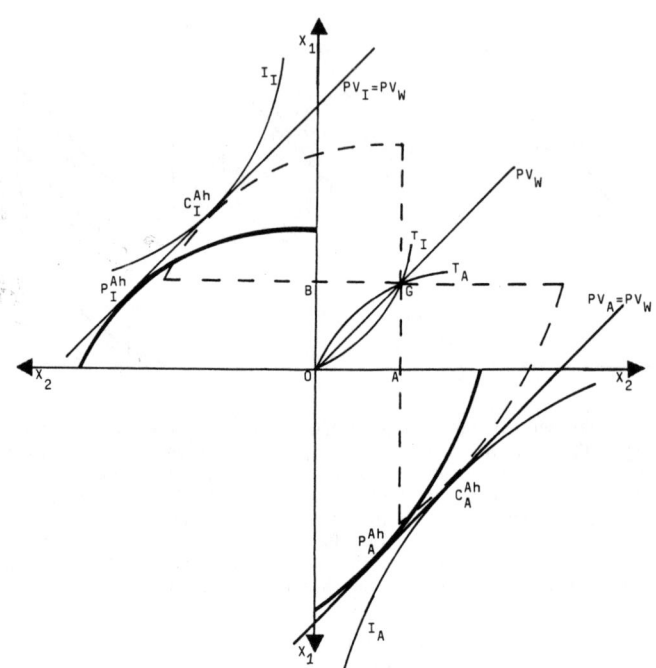

2.4 Wachstum und Weltmarktgleichgewicht

Wachstumsvorgänge verschieben die Transformationskurve nach außen und beeinflussen somit den Verlauf der Tauschkurve. Von dieser Beeinflussung hängt ab, inwieweit Terms of Trade und Handelsvolumen durch Wachstumsvorgänge verändert werden.

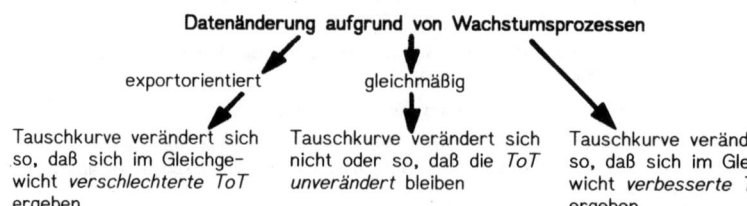

Datenänderung aufgrund von Wachstumsprozessen

exportorientiert	gleichmäßig	
Tauschkurve verändert sich so, daß sich im Gleichgewicht *verschlechterte ToT* ergeben	Tauschkurve verändert sich nicht oder so, daß die *ToT unverändert* bleiben	Tauschkurve verändert sich so, daß sich im Gleichgewicht *verbesserte ToT* ergeben

verschlechterte ToT   **unveränderte ToT**   **verbesserte ToT**

ToT-Effekt <   *ToT-Effekt > Wachs-*   höheres Versor-   höheres Versorgungs-
Wachstumseffekt: *tumseffekt:* Wohlf.-   gungsniveau im   niveau im Inland, evtl.
Ausland hat grö-   gewinne nur für das   Inland, keine   Verschlechterung für
ßere Wohlfahrts-   Ausland; Inland kann   Veränderung für   das Ausland
gewinne als das   sich verschlechtern   das Ausland
Inland   (Verelendungswachst.)

einseitig exportorientiertes Wachstum bringt
hauptsächlich Vorteile für das Ausland

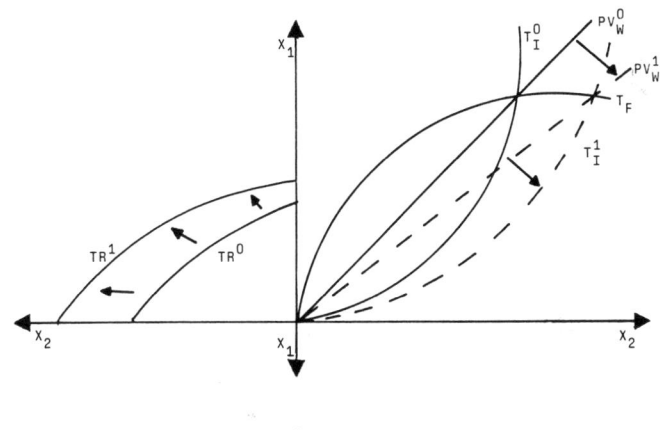

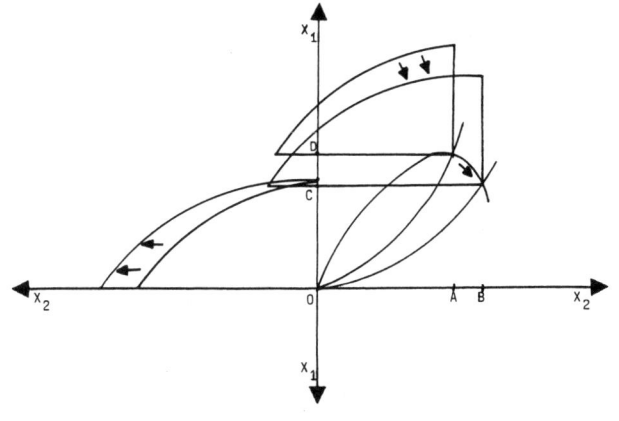

In der mittleren Abb. auf S. 23 wird exportorientiertes Wachstum dargestellt. Die Transformationskurve verändert sich vor allem in Richtung des Gutes mit komparativen Kostenvorteilen. Die damit zusammenhängende Abflachung bewirkt eine Verschiebung der Handelsindifferenzkurven und daraus folgend eine Verschiebung der Tauschkurve nach rechts. Im neuen Gleichgewicht ergeben sich flachere Terms of Trade und damit ein ungünstigeres Tauschverhältnis.

Ist die Tauschkurve des Auslands rückwärts gebogen (Abb. auf S. 23 unten), überwiegt dieser Verschlechterungseffekt den positiven Wachstumseffekt; es kommt zum sogenannten **Verelendungswachstum**. Für die erhöhten Exporte (OA => OB) werden verminderte Importe erzielt (OD => OC). Insbesondere für Entwicklungsländer mit einseitig ausgerichteter Produktionsstruktur (z.B. Rohstoffexporteure) stellt das Verelendungswachstum eine große Gefahr für die wirtschaftliche Entwicklung dar.

2.5 Theorie der protektionistischen Handelspolitik

Weil billiger Weizen ungesund und lange nicht so bekömmlich ist wie teurer Roggen, haben wir den Schutzzoll, der den Zoll schützt sowie auch die deutsche Landwirtschaft.

(KURT TUCHOLSKY)

2.5.1 Zölle

Als Hauptinstrumente der protektionistischen Handelspolitik gelten Zölle. **Zölle** sind *staatliche Abgaben, die erhoben werden, wenn Waren die Grenzen des Staats- bzw. Zollgebiets überschreiten;* d.h. exportiert, importiert oder durchgeschleust werden. Vorherrschend sind dabei die Importzölle; Exportzölle, die den eigenen Export behindern, haben kaum praktische Bedeutung und werden deswegen hier nicht untersucht. Zölle sollen zu einer Änderung der Preisverhältnisse im Inland führen, womit normalerweise drei Ziele verfolgt werden:

1. eine günstige Gestaltung der Tauschverhältnisse für das eigene Land;

2. Schutz von inländischen Produktionszweigen vor Importkonkurrenz (**Sektoren-Protektionismus**); und

3. Minderung des Preisdrucks auf das inländische Faktorangebot, der aufgrund der importbedingten Verbilligung der Endprodukte entsteht (**Faktoren-Protektionismus**).

In der Regel führen Zölle zu einer Verschlechterung der Verbrauchersituation im Inland. Nach den Bemessungsgrundlagen unterscheidet man zwischen **spezifischen Zöllen** (Mengenzöllen) und **Wertzöllen**, die man auch in der Form von **Gleit-** oder **Mischzöllen** kombinieren kann. Früher waren spezifische Zölle vorherrschend, in den heutigen höher entwickelten Zollsystemen gibt es vor allem gleitende Wertzölle.

Der Nachteil der spezifischen Zölle ist, daß die prozentuale Zollbelastung mit steigendem Preis abnimmt. Beispiel: Beträgt der Zoll pro Kiste Bier 5 DM und der Auslandspreis einer Kiste Bier 10 DM, entspricht der Zollschutz 50 %, bei einem Auslandspreis von 20 DM jedoch nur 25 %. Der Nachteil reiner Wertzöllen besteht darin, daß sie die Wirkungen ausländischer Preisschwankungen auf das Inland verstärken. Beispiel: Beträgt der Zoll pro Kiste Bier 50 % und der Auslandspreis 10 DM, dann beträgt der Inlandspreis 15 DM; ein Anstieg des Auslandspreises auf 12 DM (+2) führt zu einem Anstieg des Inlandspreises auf 18 DM (+3). Eine Neutralisierung kann durch **gleitende Wertzölle** erfolgen, bei denen der Zollsatz an die Entwicklung des Auslandspreises gekoppelt ist und sinkt, wenn der Auslandspreis steigt. Im Beispiel könnte eine Steigerung des Auslandspreises um 20 % mit einer Senkung des Zollsatzes auf 25 % verbunden sein; der Inlandspreis würde dann mit 15 DM konstant bleiben.

Der **Effektivzoll** ist die *reale zollbedingte Änderung der inländischen Wertschöpfung durch Einführung eines nominalen Zolls.* Mit ihm mißt man die *reale Zollbelastung* für das Ausland bzw. den *realen Zollschutz* für das Inland. Der Schutzeffekt kann überraschenderweise auch negativ sein: Werden ausländische Vorprodukte durch einen Zoll belastet, können sich die Absatzchancen für die Inlandsprodukte derart verschlechtern, daß die inländische Wertschöpfung sinkt und der Effektivzoll negativ wird. Beispiel: Für die US-amerikanische Computerindustrie ließ sich nachweisen, daß ein Zoll auf japanische Mikroprozessoren ihre Produktionskosten verteuerte und hierdurch die Absatzchancen auf dem Weltmarkt so stark beeinträchtigte, daß das Gesamtergebnis des Zolls für die amerikanische Volkswirtschaft negativ war.

2.5.2 Zollwirkungen

2.5.2.1 Hauptwirkungen (ohne ToT-Wirkungen)

Durch Zölle werden Märkte gespalten. Inlands- und Weltmarktpreisverhältnis werden voneinander getrennt (P_I^Z = Inlandspreis mit Zoll; P_W = Weltmarktpreis ohne Zoll; P_W^Z = Weltmarktpreis mit Zoll; XA = Angebotskurve; XN = Nachfragekurve):

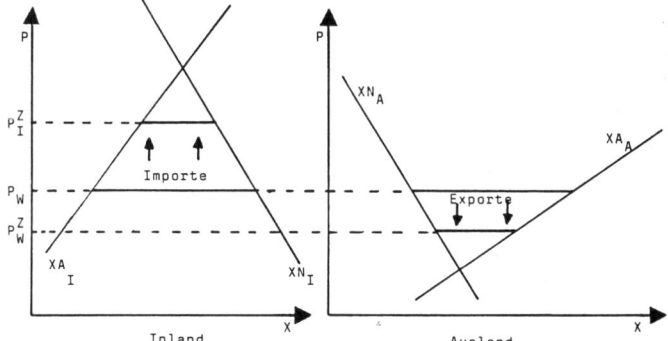

Eine Zollerhebung hat im Inland einen *Preissteigerungseffekt* (die Inlandsproduktion steigt, die Inlandsnachfrage geht zurück) und am Weltmarkt einen *Preissenkungseffekt* (das Auslandsangebot geht zurück, die Auslandsnachfrage steigt). Der Preisrückgang ist im Ausland um so größer (und damit die Preissteigerung im Inland um so geringer), je geringer die Preiselastizitäten des Angebots und der Nachfrage im Ausland sind und je höher die Preiselastizitäten des Angebots und der Nachfrage im Inland sind.

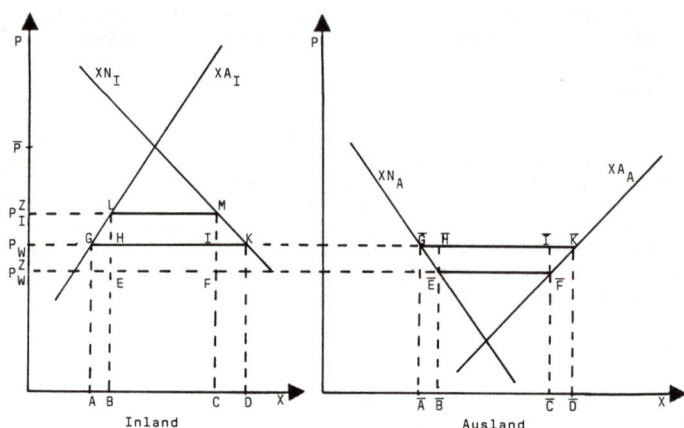

Bei vollkommen elastischem Weltmarktangebot ist $P_W = P_W^Z$; bei vollkommen unelastischem Weltmarktangebot ist $P_I^Z = P_W$. Wird durch einen Zoll das Inlandspreisverhältnis auf $\overline{P}$ hochgetrieben, spricht man von einem **Prohibitivzoll**, weil der Handel mit dem Ausland vollkommen zum Erliegen kommt.

Für das <u>Inland</u> sind sechs **Zollwirkungen** zu unterscheiden:

1. **Produktionsschutzeffekt.** Ausdehnung der inländischen Produktion um AB.

2. **Versorgungseffekt.** Rückgang der Inländischen Versorgung um CD.

3. **Wohlfahrtsumverteilungseffekt.** Rückgang der Konsumentenrente um $\square$ $P_W KMP_I^Z$ und Erhöhung der Produzentenrente um $\square$ $P_W GLP_I^Z$.

4. **Wohlfahrtsverlust.** Wegen der Differenz zwischen dem Zugewinn an Produzentenrente und dem Verlust an Konsumentenrente ergibt sich ein Wohlfahrtsverlust für die Gesellschaft von $\square$ GKML.

5. **Zahlungsbilanzeffekt.** Wegen des Rückgangs der Importe ergibt sich als primärer Zahlungsbilanzeffekt eine Aktivierung der Handelsbilanz um AB und CD (Analyse der Sekundäreffekte im folgenden Abschnitt).

6. **Fiskalischer Einnahmeeffekt.** Wegen der Zollerhebung ergibt sich eine Einnahme für den Staat in Höhe von $\square$ EFML.

Der **Gesamtwohlfahrtseffekt** für das Inland ergibt sich aus der Differenz von Zollein-nahmen und Wohlfahrtsverlust. Ob er positiv oder negativ ist, hängt von den Elastizitä-ten von Angebot und Nachfrage in In- und Ausland ab. Je unelastischer das Ausland und je elastischer das Inland reagiert, desto eher wird die Last vom Inland auf das Ausland abgewälzt und desto eher ergibt sich für das Inland ein positives Ergebnis. Analog zu den Inlandswirkungen ergeben sich im <u>Ausland</u> bis auf die Zolleinnahmen die umgekehrten Zollwirkungen:

1. **Produktionsverminderung** ($\overline{CD}$).

2. **Verbrauchsausdehnung** ($\overline{AB}$).

3. **Wohlfahrtsumverteilung.** Konsumentenrente: $+ \square$ $P_W^Z \overline{E} \overline{G} P_W$; Produzentenrente: $- \square$ $P_W^Z \overline{F} \overline{K} P_W$.

4. **Wohlfahrtsverlust** ($\square$ $\overline{EFKG}$).

5. **Zahlungsbilanzeffekt.** Passivierung der Handelsbilanz um AB und CD.

Da die Wohlfahrtsverluste im Inland und Ausland die Zolleinnahmen um die Dreiecke GHL, IKM, $\overline{EHG}$ und $\overline{FKI}$ übersteigen, ergibt sich für die Welt ein Gesamtwohlfahrtsver-lust in der Größe dieser Dreiecke. Für die Welt ergibt sich immer ein Wohlfahrtsver-lust, auch wenn das Inland positiv abschneidet.

2.5.2.2 Zahlungsbilanz- und Beschäftigungswirkungen

Eine Zollerhebung führt (bei nicht vollkommen unelastischem Auslandsangebot) zu einer *Mengensenkung bei den Importen* sowie (bei nicht vollkommen elastischem Auslandsan-gebot) zu einer *Preissenkung auf dem Weltmarkt;* der Importwert (gemessen in Welt-marktpreisen) geht also in allen Fällen zurück. Weil die gleichzeitige Preiserhöhung im Inland keine direkten Zahlungsbilanzwirkungen hat, kann als Primärwirkung eines Zolls auf die Zahlungsbilanz festgehalten werden, daß sie eine Erhöhung des Überschusses bzw. eine Defizitverminderung in der Handelsbilanz (vgl. S. 34) bewirkt. Für die wei-teren Effekte sind die Reaktionen des Inlands auf die Zollerhebung und die Verwendung der Zolleinnahmen durch den Staat entscheidend:

- Ist die *Elastizität der inländischen Importnachfrage > 1,* sinkt der Importwert zu Inlandspreisen; Einkommen wird für andere Ausgaben frei und die Nachfrage steigt. Hieraus und aus den einsetzenden Multiplikatorwirkungen (vgl. **Makroökonomik**) folgt eine Zunahme der Beschäftigung und der Importnachfrage; die ursprüngliche Aktivie-rung der Handelsbilanz wird abgeschwächt.

- Ist die *Elastizität der inländischen Importnachfrage < 1,* gilt das Gegenteil; der Import-wert zu Inlandspreisen steigt, Nachfrage nach Inlandsgütern wird verdrängt, Beschäf-tigung und Importe sinken weiter und der Zahlungsbilanzeffekt verstärkt sich weiter.

- Verwendet der Staat seine Zolleinnahmen für die *Käufe von Inlandsgütern,* steigt die Inlandsnachfrage und damit auch die Beschäftigung sowie in der Folge die Import-nachfrage. Die Handelsbilanzaktivierung wird wieder gedämpft.

- Wenn der Staat seine Zolleinnahmen für *Käufe von ausländischen Gütern* verwendet, bleiben die inländische Nachfrage und damit die Beschäftigung unberührt; der Han-delsbilanzeffekt wird kompensiert und kann sogar ins Gegenteil umschlagen.

2.5.2.3 Terms of Trade-Wirkungen

Vor der Zollerhebung gilt: Weltmarktpreisverhältnis (PV_W) = Inlandspreisverhältnis (PV_I); in der Abb. betragen die Inlandsimporte (x_1) OD und die Inlandsexporte (x_2) OB.

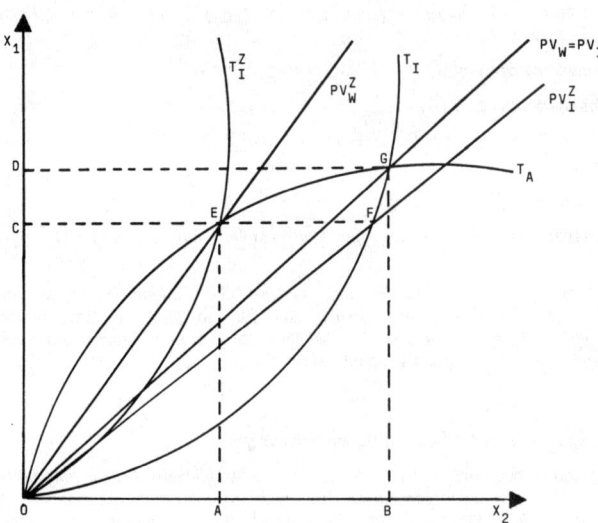

Die Einführung eines Zolls führt zu einer Verschiebung der inländischen Tauschkurve nach links (T_I => T_I^Z) und zu einer Spaltung von Weltmarktpreisverhältnis (PV_W^Z) und Inlandspreisverhältnis (PV_I^Z). Die Importe des Inlandes sinken leicht auf OC und die Exporte stark auf OA; das Inland kann also durch eine Zollerhebung ein für sich günstigeres Tauschverhältnis erzielen. Zölle führen also normalerweise zu einer *Verbesserung der Terms of Trade*. Desweiteren werden Zolleinnahmen in Höhe von EF erzielt.

Wie stark sich die Tauschkurve nach links verschiebt, hängt davon ab, inwieweit die Zolleinnahmen für Importe verwendet werden. Je mehr importiert wird, desto weniger verschiebt sie sich und umso geringer ist der Verbesserungseffekt.

2.5.3 Sonderfälle

2.5.3.1 Gerade und rückwärts gebogene Tauschkurven

In der linken Abb. auf der gegenüberliegenden Seite ist die Elastizität der ausländischen Tauschkurve gleich eins. Durch eine Zollerhebung kann das Inland in diesem Fall die gleiche Menge an Importen bei weniger Exporten (OB => OA) erzielen. In der rechten Abbildung ist die Tauschkurve rückwärts gebogen (Elastizität < 1); eine Zollerhebung

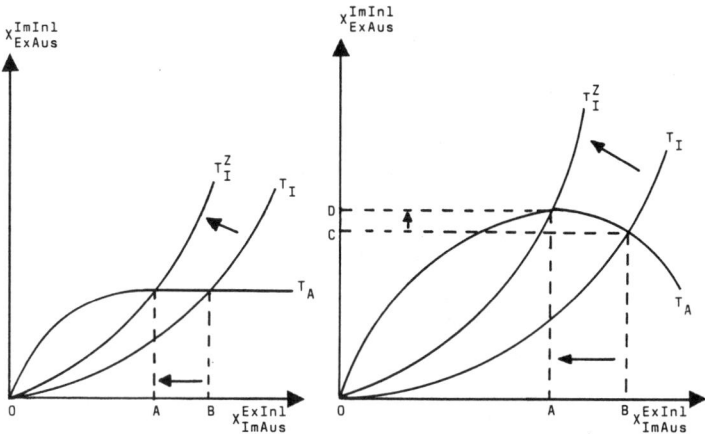

führt dazu, daß die Importe zunehmen (OC => OD), während die Exporte abnehmen (OB => OA). Die bisherigen Überlegungen zu den ToT-Wirkungen der Zölle zeigen, daß die Importbehinderung durch Zölle immer auch mit einem *negativen Effekt für die inländische Exportproduktion* verbunden ist.

Dieser bisher nicht betrachtete Effekt läßt sich damit erklären, daß wir in der ToT-Analyse mit Tauschkurven ein Weltmarktgleichgewicht mit ausgeglichenen Handelsbilanzen analysieren, während die bisherigen Betrachtungen kurzfristig waren. Eine Bewertung von Zöllen müßte aber den Effekt auf die Exportindustrie durch die langfristige Anpassung zum Gleichgewicht berücksichtigen.

2.5.3.2 Optimalzölle

Für die ganze Welt ist Freihandel optimal; jedoch ist es für das einzelne Land möglich, seine Wohlfahrt auf Kosten der anderen Länder durch eine Zollerhebung zu erhöhen. *Der Zoll, der die Wohlfahrtsgewinne maximiert*, wird als **Optimalzoll** bezeichnet. Bei seiner Ermittlung sind die Terms of Trade-Verbesserungen den übrigen Wohlfahrtsverlusten gegenüberzustellen. (Mathematisch läßt sich der Optimalzoll bestimmen als der um eins verminderte Kehrwert der Elastizität der ausländischen Importnachfrage: Optimalzollsatz = $1/(\varepsilon_A^{Im} - 1)$. Auf die Herleitung wird hier verzichtet).

Optimalzölle funktionieren nur, solange nur ein Land sie erhebt. Wenn das Ausland mit **Retorsionszöllen** (= Vergeltungszöllen, Gegenzöllen) antwortet, kann sich eine Interventionsspirale mit immer neuen Zollerhebungen ergeben, die letztlich dazu führt, daß der Welthandel immer weiter eingeschränkt wird, das Preisverhältnis am Weltmarkt aber in der Tendenz gleichbleibt (Abb. nächste Seite).

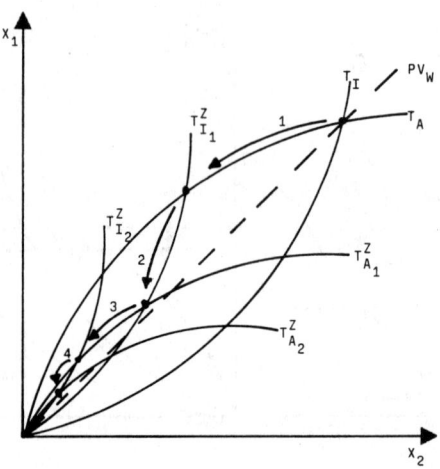

2.5.3.3 Zölle als "second best"-Lösung

In der Realität sind aufgrund der vielfältigen Unvollkommenheiten die Optimalbedingungen für die Güterallokation (Grenzrate der Substitution = Grenzrate der Transformation = Preisverhältnis) normalerweise nicht erfüllbar. Der Versuch einer Annäherung an diese Optimalbedingungen kann sogar aufgrund von Unvollkommenheiten der übrigen Welt insgesamt zu einer <u>Verschlechterung</u> führen.

Ist dies der Fall, wird die dann günstigste (wenn auch von den bekannten Optimalbedingungen abweichende) Lösung als **second best-Lösung** bezeichnet. Zölle können eine solche second best-Lösung darstellen und so gerechtfertigt werden, wenn in der übrigen Welt Behinderungen des Welthandels bestehen (z.B. Zölle anderer Länder).

Beispiel: Drei Länder A, B und C belegen die Waren aus den jeweils anderen Ländern mit 30 % Zoll. Land A stellt kein Bier her, Land C hat in der Bierproduktion einen Kostenvorteil gegenüber der Produktion in B von 10 %. Land C versorgt dann die Länder A und C mit Bier. Schließen sich nun Land A und B zu einer Zollunion zusammen und heben die Zölle zwischen sich auf, kommt es aufgrund der weiterbestehenden Zölle gegenüber Land C zu einer Allokationsverschlechterung, weil nun die Bierhersteller aus B trotz ihrer ungünstigeren Kosten in A am billigsten sind und die Nachfrage auf sich ziehen.

Sofern also die "erstbeste" Optimallösung – Aufhebung aller Zölle – nicht realisiert werden kann, führt eine Teilannäherung an die Optimalbedingungen – Aufhebung der Zölle zwischen A und B – zu einer Verlagerung der Bierproduktion für C von A nach B und damit zu einer Fehllenkung der Ressourcen. Die zweitbeste Lösung (Verzicht auf die Aufhebung der Zölle) wäre dann zu bevorzugen.

2.5.3.4 Erziehungszölle

In Entwicklung befindlichen Industrien kann *Zollschutz zur Entwicklung komparativer Kostenvorteile* gewährt werden (**Erziehungszoll**). Dies ist ein Sonderfall, weil die Importbeschränkung eine beschleunigte technologische Entwicklung und damit eine Ausdehnung der Inlandsproduktion zu niedrigeren Kosten ermöglicht. Voraussetzung hierfür ist eine langfristig fallende Angebotskurve (Abb. links).

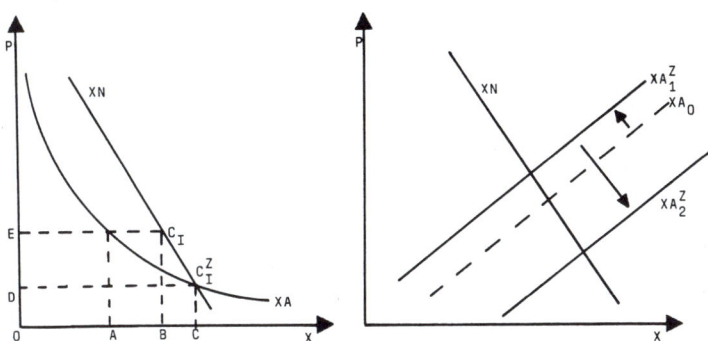

Die Zölle müssen einen Anreiz zur Ausdehnung der Inlandsproduktion geben. Außerdem müssen mit dieser Ausdehnung *Lerneffekte* verbunden sein, welche eine Kostensenkung und damit eine preis- und mengenmäßige Verbesserung der Versorgung ermöglichen. Kurzfristig verschiebt sich die Angebotskurve nach oben, aber langfristig sinkt sie (Abb. rechts) unter die ursprüngliche Angebotskurve.

2.5.4 Kontingente und nicht-tarifäre Handelshemmnisse

Kontingente, also *Beschränkungen der Importmengen*, werden oft Zöllen vorgezogen, weil

- Zölle unwirksam sind, wenn das ausländische Angebot unelastisch reagiert oder weil

- die Elastizitäten der ausländischen Angebots- und Nachfragekurven unbekannt sind und deshalb Unsicherheit über die Wirkungen von Zöllen besteht.

Es ergeben sich die gleichen Wirkungen wie bei Zöllen, nur der fiskalische Einnahmen-

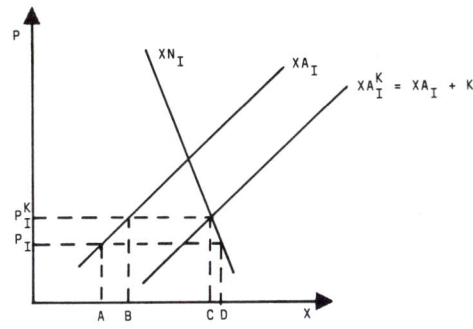

effekt fehlt (es sei denn, Einfuhrlizenzen werden versteigert).

Zum Schutz der inländischen Wirtschaft wurde in den letzten Jahren verstärkt von **nicht-tarifären Handelshemmnissen** Gebrauch gemacht (tarifäre Handelshemmnisse sind Zölle und Kontingente). Nicht-tarifäre Handelshemmnisse haben den Zweck,

- die Transaktionskosten des internationalen Handels zu erhöhen,

- komparative Kostenunterschiede zu nivellieren,

- internationalen Handel zum Schutz der eigenen Wirtschaft zu vermindern (Beispiel: unterschiedliche Normen erfordern häufig teure Umrüstungen, die internationalen Handel behindern) oder

- die Einfuhr künstlich zu verknappen. Beispiel: Frankreich ließ einige Jahre sämtliche Videorecorderimporte über ein kleines Provinzzollamt abwickeln, dessen Kapazität bei weitem nicht ausreichte, um die Einfuhrmengen fristgerecht zu bearbeiten.

Sie werden vor allem eingesetzt, seitdem durch internationale Verträge die Möglichkeiten protektionistischer Zollpolitik eingeschränkt sind. Auch lassen sich durch sie die Kosten der Zollverwaltung vermindern.

3 Monetäre Theorie der Außenwirtschaft

Der Wohlstand eines Landes beruht auf seiner aktiven und passiven Handelsbilanz, auf seinen inneren und äußeren Anleihen sowie dem Unterschied zwischen dem Giro des Wechselagios und dem Zinsfuß der Lombardkredite; bei Regenwetter ist das umgekehrt.

(KURT TUCHOLSKY)

3.1 Grundlagen der Zahlungsbilanzanalyse

3.1.1 Die Zahlungsbilanz

Die **Zahlungsbilanz** (im statistischen Sinne) ist die *systematische Aufzeichnung aller wirtschaftlichen Transaktionen zwischen Inländern und Ausländern für eine Periode* (in der Regel ein Jahr).

Inländer im Sinne der Zahlungsbilanzstatistik sind natürliche Personen mit ständigem Wohnsitz im Inland (nicht: Staatsangehörigkeit) und alle Wirtschaftssubjekte, deren Schwerpunkt ihrer wirtschaftlichen Aktivität bzw. deren Firmensitz im Inland liegt.

Erfaßt werden Stromgrößen und nicht – wie die Bezeichnung "Bilanz" nahelegt – Bestandsgrößen: Die Zahlungsbilanz ist nicht stichtags-, sondern zeitraumbezogen. In der betriebswirtschaftlichen Terminologie entspricht sie einer *Bewegungsbilanz* (vgl. **Bilanzen**, Abschnitt 4.1.4). Bei den Buchungen in der Zahlungsbilanz orientiert man sich grundsätzlich an den Regeln der *doppelten Buchführung*: Jede Buchung erfordert eine gleich hohe Gegenbuchung; die Zahlungsbilanz ist also immer ausgeglichen.

Zahlungsbilanzbuchungen können auch negativ sein. Beispiel: Eine Abnahme der Verbindlichkeiten oder der Forderungen gegenüber dem Ausland wird negativ gebucht. Die Gegenbuchung erfolgt dann auf der gleichen Bilanzseite, sofern sie nicht auch negativ ist.

Die Zahlungsbilanz setzt sich aus mehreren **Teilbilanzen** zusammen:

Teilbilanz	Aktivseite	Passivseite
Handelsbilanz	Warenexporte	Warenimporte
Dienstleistungsbilanz	Dienstleistungsexporte	Dienstleistungsimporte
Übertragungsbilanz	empfangene Übertragungen	geleistete Übertragungen
Kapitalbilanz – langfristiger Kapitalverkehr – kurzfristiger Kap.verkehr	Kapitalimport (Verbindlich-keiten ggü. dem Ausland: Zunahme (+), Abnahme (–))	Kapitalexport (Forderungen gegenüber dem Ausland: Zunahme (+), Abnahme (–))
Devisenbilanz		Veränderung der Auslands-position der Bundesbank (Gold und Devisen: Zuflüsse (+), Abflüsse (–))
Ausgleichsposten zur Devisenbilanz	Zuteilung von Sonderzie-hungsrechten; Bewertungs-änderung wegen Abwertung der DM	Bewertungsänderung wegen Aufwertung der DM
Ungeklärte Beträge	Saldo der statistisch nicht aufgliederbaren Transaktionen	

1. In der **Handelsbilanz** werden alle *Warenexporte* und *Warenimporte* erfaßt. Dabei wird der Warenwert der Exporte normalerweise f.o.b. (= free on board ≈ Warenwert ohne Transport- und Versicherungskosten nach Überschreiten der Grenze des Lieferlandes) erfaßt, der Wert der Importe vom statistischen Bundesamt ebenfalls f.o.b., von der Bundesbank allerdings c.i.f. (= cost insurance freight ≈ Warenwert mit Transport- und Versicherungskosten bis zum Erreichen der Grenze des Empfängerlandes). Diese Unterscheidung hat lediglich die Konsequenz, daß die Transportkosten von Exporten zwischen den Grenzen von der Bundesbank in der Handelsbilanz und vom statistischen Bundesamt in der Dienstleistungsbilanz gebucht werden.

2. In der **Dienstleistungsbilanz** werden alle Exporte und Importe von *Dienstleistungen* (und *Faktorleistungen*, z.B. Kapitalerträge) erfaßt. Unter diesen Sammelposten fallen im wesentlichen: Kapitalerträge (Gewinne, Zinsen, Dividenden etc.), Reiseverkehr (Beispiel: Eine Hotelbuchung im Ausland ist ein Dienstleistungsimport des Inlandes), Transportleistungen, Versicherungen, Patente, Lizenzen, Provisionen, Werbekosten, Arbeitsentgelte von Grenzgängern und Ausgaben der im Inland stationierten ausländischen Streitkräften (erfaßt als Dienstleistungsexporte des Inlands).

3. In der **Übertragungsbilanz** ("Schenkungsbilanz") werden die Gegenbuchungen zu allen einseitigen Transaktionen, d.h. zu allen Bewegungen von Gütern und Finanzaktiva *ohne ökonomische Gegenleistung*, erfaßt. Beispiele: Beiträge an internationale Organisationen, Überweisungen von Gastarbeitern in ihre Heimatländer.

4. In der **Kapitalbilanz** (Kapitalverkehrsbilanz) werden alle Transaktionen erfaßt, welche die *Forderungen* oder *Verbindlichkeiten* von Inländern gegenüber Ausländern ändern. (Transaktionen der Notenbanken sind hier ausgenommen; sie werden gesondert in der Devisenbilanz erfaßt.)

Eine Zunahme der Forderungen an das Ausland wird als *positiver Kapitalexport* gebucht, eine Abnahme von Forderungen als *negativer Kapitalexport*. Eine Zunahme der Verbindlichkeiten gegenüber dem Ausland gilt als *positiver Kapitalimport*, eine Abnahme von Verbindlichkeiten als *negativer Kapitalimport*.

Als *kurzfristiger Kapitalverkehr* gilt der Erwerb von Forderungen oder das Eingehen von Verbindlichkeiten mit einer Fristigkeit (Ursprungslaufzeit) von höchstens einem Jahr; zum *langfristigen Kapitalverkehr* zählen Forderungen und Verbindlichkeiten mit längeren Fristigkeiten sowie Direktinvestitionen (= Beteiligungen an ausländischen Unternehmen) und Portfolioinvestitionen (z.B. Kauf ausländischer Aktien durch Inländer).

5. Die **Devisenbilanz** (Gold- und Devisenbilanz) erfaßt die Transaktionen der Deutschen Bundesbank, welche ihre *Nettoauslandsaktiva* (= Auslandsposition) verändern. Dies sind Veränderungen der Währungsreserven der Bundesbank (z.B. Goldbestand, Devisenbestand abzüglich Auslandsverbindlichkeiten) sowie Kredite der Bundesbank an ausländische Notenbanken und die Weltbank.

6. Als **Ausgleichsposten zur Devisenbilanz** werden Gegenbuchungen zu Veränderungen in der Devisenbilanz erfaßt, die nicht durch Bewegungen in den übrigen Teilbilanzen hervorgerufen werden. Beispiele: Zuteilungen von Sonderziehungsrechten, Bewertungsänderungen der Devisenbestände.

7. Unter den **ungeklärten Beträgen** werden die Ermittlungsfehler erfaßt. Dies ist notwendig, um die Zahlungsbilanz ausgleichen zu können. Eine lückenlose Erfassung und periodenrichtige Zuordnung aller Transaktionen ist nicht immer möglich; viele Zahlungsbilanzpositionen können nur geschätzt werden.

Neben diesen Teilbilanzen sind die folgenden Zusammenfassungen von Teilbilanzen üblich:

- Handels- und Dienstleistungsbilanz ergeben zusammen den **Außenbeitrag.**

- Handels-, Dienstleistungs- und Übertragungsbilanz werden zur **Leistungsbilanz** zusammengefaßt. Die Leistungsbilanz erfaßt die Veränderungen der Einkommensposition des Inlands gegenüber dem Ausland.

- Leistungsbilanz und langfristiger Kapitalverkehr bilden die **Grundbilanz.**

- Nehmen wir noch den kurzfristigen Kapitalverkehr hinzu, erhalten wir die **Gesamtbilanz**, die auch als **Zahlungsbilanz im ökonomischen Sinne** bezeichnet wird.

- Rechnen wir zur Devisenbilanz die Veränderungen in der kurzfristigen Auslandsposition der Geschäftsbanken hinzu, erhalten wir die **Liquiditätsbilanz.**

Die Bedeutung dieser Teilbilanzen wird im nächsten Abschnitt näher betrachtet.

Beispiel: Wie werden die folgenden Transaktionen in der Zahlungsbilanz gebucht?

1. Ein deutscher Exporteur liefert Waren im Wert von 2 Mio. DM mit dreimonatigem Zahlungsziel in die USA.

2. Ein deutsches Touristikunternehmen beauftragt seine Hausbank, zu Lasten deren Dollarkontos eine Rechnung von 8 Mio. DM bei spanischen Hotels zu begleichen.

3. Die Bundesbank erwirbt von deutschen Banken Devisen im Wert von 5 Mio. DM.

4. Waren im Wert von 3 Mio. DM werden importiert. Die ausländischen Zahlungsmittel beschafft sich der Importeur bei der Zentralbank.

5. Ein deutsches Unternehmen erwirbt von einem Ausländer eine 30 %ige Beteiligung an einem amerikanischen Unternehmen in Höhe von 6 Mio. DM.

6. Der Bund entrichtet Finanzbeiträge an die Europäische Gemeinschaft in Höhe von 10 Mrd. DM, indem er sein Zentralbankkonto durch die Bundesbank belasten läßt und den Betrag aus ihrem Devisenbestand überweist.

Lösung:

Teilbilanz	Aktivseite	Passivseite
Handelsbilanz	+ 2 Mio. DM (1)	+ 3 Mio. DM (4)
Dienstleistungsbilanz		+ 8 Mio. DM (2)
Übertragungsbilanz		+ 10 Mrd. DM (6)
langfristiger Kapitalverkehr		+ 6 Mio. DM (5)
kurzfristiger Kapitalverkehr	+ 8 Mio. DM (2) + 6 Mio. DM (5)	+ 2 Mio. DM (1) - 5 Mio. DM (3)
Devisenbilanz		+ 5 Mio. DM (3) - 3 Mio. DM (4) - 10 Mrd. DM (6)

3.1.2 Konzeptionen des Zahlungsbilanzgleichgewichts

Die Zahlungsbilanz im statistischen Sinne ist immer ausgeglichen (vgl. S. 33). Von einem **Zahlungsbilanzungleichgewicht** spricht man, wenn die Zahlungsbilanz im ökonomischen Sinne (vgl. S. 35) einen Saldo ausweist. Aufschluß über Ungleichgewichte sowie weitere Informationen ergeben sich aber auch aus der Analyse anderer Salden:

- **Außenbeitrag:**
  - zeigt den Nettotransfer von Ressourcen ins Ausland an,
  - ist Bestimmungsfaktor des Sozialprodukts und ermöglicht Aussagen über den konjunkturellen Einfluß des Außenhandels und
  - ermöglicht Aussagen über die inländische Absorbtion (= Verhältnis des inländischen Verbrauchs zur inländischen Produktion).

- **Leistungsbilanzsaldo:**
  - zeigt die Veränderung des Nettoauslandsvermögens an und
  - verändert sich aufgrund von Leistungstransaktionen.

  Eine Steigerung des Überschusses bzw. eine Verminderung des Defizits in der Leistungsbilanz (oder beim Außenbeitrag) wird oft als "Verbesserung" bezeichnet, weil sich das Nettoauslandsvermögen erhöht. Dies ist jedoch irreführend, weil gleichzeitig mit dem vermehrten Erwerb von Ansprüchen – deren Nutzen von ihrer zunächst unsicheren Realisierbarkeit (Beispiel: notleidende Kredite an Entwicklungsländer) abhängt – ein Nettotransfer von Ressourcen ins Ausland verbunden ist. Eine Hingabe von Ressourcen gegen unsichere Ansprüche grundsätzlich als "Verbesserung" zu bezeichnen, ist aus ökonomischer Sicht kaum zu rechtfertigen.

- **Grundbilanzsaldo:**
  - erfaßt Transaktionen, die langfristig die Zahlungsbilanzentwicklung beeinflussen (der für spekulative Kapitalbewegungen anfällige kurzfristige Kapitalverkehr bleibt unberücksichtigt), macht grundlegende Defizite in der ökonomischen Zahlungsbilanz deutlich und
  - zeigt Verflechtungen mit dem Ausland an.

- **Devisenbilanzsaldo** (bei Vernachlässigung von Ausgleichsposten und ungeklärten Beträgen: = Gesamtbilanzsaldo = Saldo der ökonomischen Zahlungsbilanz):
  - erfaßt die Transaktionen der Währungsbehörde,
  - gibt bei einem System fester Wechselkurse Hinweise über Art und Umfang von Ungleichgewichten auf dem Devisenmarkt und damit über Stärke oder Schwäche einer Währung und
  - zeigt den Einfluß der Außenwirtschaftsbeziehungen auf das heimische Geldangebot an, das durch Devisenmarktinterventionen beeinflußt wird.

- **Liquiditätsbilanzsaldo:**
  - zeigt die Veränderung der internationalen Liquiditätsposition eines Landes an.

In einem System *fester Wechselkurse* besteht für die beteiligten Notenbanken die Verpflichtung, in bestimmten Fällen ausländische Währung zu einem festgelegten Kurs anzukaufen. Dies kann zu länger andauernden Zahlungsbilanz-Ungleichgewichten führen. Die Aussagekraft der bisher dargestellten Konzepte reicht bei festen Wechselkursen nicht aus, weil die erfaßten Transaktionen nicht danach unterschieden werden, ob sie durch Marktkräfte entstanden sind oder durch den Staat nur zum Ausgleich der Zahlungsbilanz vorgenommen werden und ein Ungleichgewicht kompensieren sollen (bei *flexiblen Wechselkursen* ist die Notenbank nicht zu Interventionen verpflichtet; ohne Interventionen kommt es zu keinen Devisenbilanzdefiziten, der Ausgleich der Zahlungsbilanz im ökonomischen Sinne erfolgt durch den Wechselkurs. Vgl. S. 50). Hierzu gibt es zwei Konzepte:

- **Konzept der autonomen und induzierten Transaktionen**: *Autonome Transaktionen* sind diejenigen, die unabhängig von der Veränderung anderer Zahlungsbilanzpositionen zustandekommen; *induzierte Transaktionen* entstehen durch staatliche Initiative, um Differenzen zwischen den Salden auszugleichen (Beispiele: Auflegen einer Auslandsanleihe oder Goldausfuhr zur Finanzierung eines Importüberschusses). Ein Gleichgewicht liegt vor, wenn die autonomen Transaktionen ausgeglichen sind. Problematisch an diesem Konzept ist vor allem, daß die Trennung von autonomen und induzierten Transaktionen in der Praxis auf Schwierigkeiten stößt.

- **Konzept des aktuellen und potentiellen Ungleichgewichts**: Durch Zölle, Importbeschränkungen, Devisenbewirtschaftung und ähnliche Maßnahmen kann das Entstehen eines Zahlungsbilanzdefizits künstlich verhindert werden. Um Aussagen über die tatsächliche Situation machen zu können, muß daher nicht das aktuelle, sondern das *potentielle Defizit* betrachtet werden. Dieses ist definiert als der Devisenbetrag, der zur Stabilisierung des Wechselkurses hätte eingesetzt werden müssen, wenn auf die erwähnten Maßnahmen verzichtet worden wäre. Problematisch hierbei ist allerdings die statistische Ermittlung der Wirkungen von Restriktionen auf die Devisennachfrage.

3.2 Reaktion der Leistungsbilanz auf Preisänderungen

In diesem Abschnitt wird analysiert, wie sich bei **Preisänderungen** der Wert von Importen und von Exporten ändert und wie sich dies auf die Leistungsbilanz auswirkt. Zur Vereinfachung werden feste Wechselkurse angenommen. Ausgangspunkt ist die folgende Darstellung von Inlands-, Auslands- und Weltmarkt:

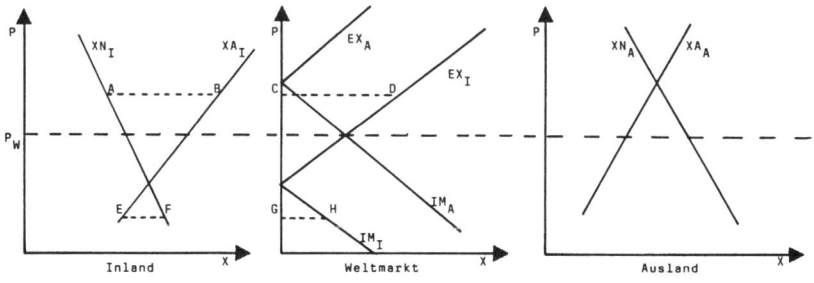

Das **Exportangebot** eines Landes auf dem Weltmarkt für ein Gut (EX) ergibt sich aus dem Angebotsüberschuß am Inlandsmarkt zu einem bestimmten Preis (beispielsweise für das Inland AB = CD), die **Importnachfrage** (IM) aus dem Nachfrageüberhang am Inlandsmarkt für ein Gut zu einem bestimmten Preis (beispielsweise für das Inland EF = GH).

Wir nehmen nun an, daß im Inland bei einem Gut mit einem Nachfrageüberhang ein Preisrückgang aufgrund einer Nachfragesenkung (XN_I^1 => XN_I^2) oder einer Angebotsausdehnung (XA_I^1 => XA_I^2) im Inland entsteht. Dann reduziert sich die Importnachfrage nach diesem Gut (IM_I^1 => IM_I^2); außerdem verringert sich der inländische **Importwert** (= Importpreis multipliziert mit der Importmenge): $\square$ $0X^1AP_W^1$ => $\square$ $0X^2BP_W^2$.

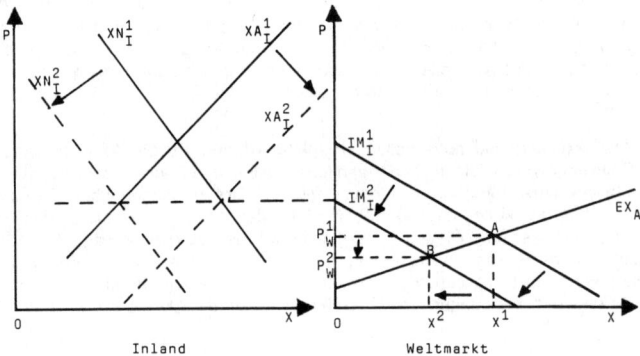

Eine Preissenkung im Inland bei einem Gut mit einem Angebotsüberschuß führt zu einer Verschiebung der Exportangebotskurve nach rechts (EX_I^1 => EX_I^2):

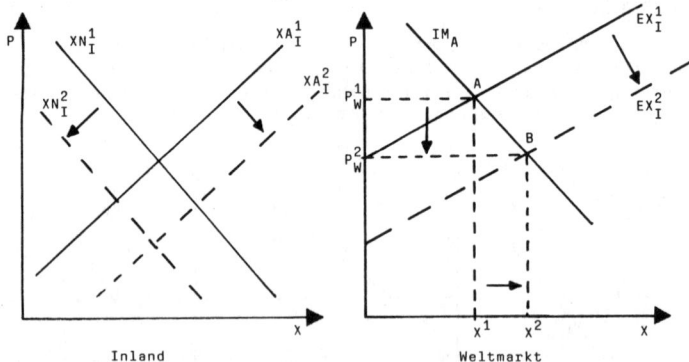

Für den inländischen **Exportwert** (= Exportmenge multipliziert mit dem Exportpreis) gibt es zwei gegenläufige Effekte:

1. einen exportwerterhöhenden Mengeneffekt (X^1 => X^2) und

2. einen exportwertvermindernden Preiseffekt (P_W^1 => P_W^2).

Welcher Effekt überwiegt, hängt von der Preiselastizität der ausländischen Importnachfrage ε_A^{Im} (= relative Änderung der ausl. Importnachfrage/relative Preisänderung) ab:

- ist $\varepsilon_A^{Im} > 1$, steigt der Exportwert bei einer Preissenkung;

- ist $\varepsilon_A^{Im} = 1$, bleibt der Exportwert bei einer Preissenkung konstant; und

- ist $\varepsilon_A^{Im} < 1$, sinkt der Exportwert bei einer Preissenkung.

Wenn wir annehmen, daß sich die inländischen Preise für Güter mit einem Nachfrageüberhang bzw. mit einem Angebotsüberschuß gleichermaßen verändern, können wir die Wirkungen zusammengefaßt als Reaktion der Leistungsbilanz analysieren:

Inlandspreise	ε_A^{Im}	Importwert	Exportwert	Reaktion der Leistungsbilanz
sinken	> 1	sinkt immer	steigt	Abbau des Defizits oder Entstehung bzw. Vergrößerung eines Überschusses
	= 1		konstant	
	< 1		sinkt	*Importeffekt > Exporteffekt:* Abbau des Defizits oder Entstehung bzw. Vergrößerung eines Überschusses *Importeffekt < Exporteffekt:* Abbau des Überschusses oder Entstehung bzw. Vergrößerung eines Defizits (anomale Reaktion)
steigen	> 1	steigt immer	sinkt	Vergrößerung oder Entstehung eines Defizits bzw. Abbau eines Überschusses
	= 1		konstant	
	< 1		steigt	*Importeffekt > Exporteffekt:* Vergrößerung oder Entstehung eines Defizits bzw. Abbau eines Überschusses *Importeffekt < Exporteffekt:* Abbau eines Defizits oder Entstehung bzw. Vergrößerung eines Überschusses (anomale Reaktion)

In den Fällen, in denen Preissenkungen zu einer *Passivierung* (= Abbau des Überschusses oder Vergrößerung des Defizites) der Leistungsbilanz führen bzw. Preiserhöhungen zu einer *Aktivierung* (= Abbau des Defizites oder Vergrößerung des Überschusses), spricht man von einer **anomalen Reaktion** der Leistungsbilanz.

Ungleichgewichte in der Zahlungsbilanz werden durch eine anomale Reaktion der Leistungsbilanz verstärkt, die Leistungsbilanzreaktion wirkt also *destabilisierend*; bei einer normalen Reaktion wirkt die Leistungsbilanz hingegen *stabilisierend* auf einen Ausgleich der Zahlungsbilanz.

Liegt keine anomale Reaktion vor, läßt sich aus der Analyse z.B. ableiten, daß die Wirkung staatlicher Konjunkturprogramme, die zu Preissteigerungen im Inland führen, durch die defizitäre Reaktion der Leistungsbilanz gedämpft wird.

3.3 Wechselkurs und Zahlungsbilanz

3.3.1 Der Wechselkurs

Devisen sind *sofort fällige Forderungen in ausländischer Währung*, d.h. Giroguthaben in ausländischer Währung; davon zu unterscheiden sind **Sorten**, d.h. *ausländische Banknoten und Münzen*.

Unter einem **Wechselkurs** versteht man den *Preis einer ausländischen Währungseinheit in Inlandswährung* (Beispiel: "1,- $ kostet 1,50 DM"). Hiervon unterscheidet man den **Devisenkurs** (Valutakurs), der den Außenwert der inländischen Währung als *Preis der Inlandswährung in ausländischen Währungseinheiten* ausdrückt (Beispiel: "Für 1,- DM erhält man 0,67 $"). Teilweise wird der Wechselkurs auch als "Wechselkurs in Preisnotierung" und der Devisenkurs als "Wechselkurs in Mengennotierung" bezeichnet.

Die Begriffe **Aufwertung** (= Sinken des Wechselkurses = Steigen des Devisenkurses) und **Abwertung** (= Steigen des Wechselkurses = Sinken des Devisenkurses) beziehen sich auf Veränderungen des Außenwertes der Währung.

In einem System **flexibler** (= freier, floatender, schwankender) **Wechselkurse** ergibt sich der Kurs durch das freie Spiel der Kräfte am Devisenmarkt. Als Wechselkurs bildet sich der Kurs, der Devisenangebot und Devisennachfrage zum Ausgleich bringt.

In einem System **fester Wechselkurse** sind die Notenbanken dazu verpflichtet, ausländische Währungen zu einem bestimmten, gesetzlich oder vertraglich fixierten Kurs in inländische Währung umzutauschen. Hierdurch kommt es neben Devisenangebot und -nachfrage privater Marktteilnehmer zu einem zusätzlichen, vollkommen elastischen Devisenangebot ausländischer Notenbanken und zu einer zusätzlichen, vollkommen elastischen Devisennachfrage der inländischen Notenbank. Der Kurs am Devisenmarkt kann dann nur unwesentlich von dem vorher fixierten Kurs abweichen; eventuelle Schwankungen haben technische Gründe.

Unter dem **realen Wechselkurs** e_r wird die Kaufkraft inländischer Währung in Hinblick auf ausländische Güter verstanden. Er entspricht dem umgekehrten Wert des Weltmarktpreisverhältnisses von inländischen zu ausländischen Gütern und ist definiert als nominaler Wechselkurs (e) mal ausländisches Preisniveau (P_A) dividiert durch das inländische Preisniveau (P):

$$e_r = \frac{e \cdot P_A}{P}$$

Wenn z.B. ein ausländischer Warenkorb 500,- $, der entsprechende inländische Warenkorb 1.000,- DM kostet und der Wechselkurs 1,50 DM beträgt, lautet der reale Wechselkurs e_r = 1,50 DM/$ · 500,- $/1.000,- DM = 0,75. Seine Bestimmung ist nicht unproblematisch, weil die Ermittlung repräsentativer und international vergleichbarer Preisindizes und Warenkörbe für die beteiligten Länder kaum objektiv möglich ist.

Der **effektive Wechselkurs** e_e entspricht dem in inländischen Währungseinheiten ausgedrückten, gewichteten Wert einer Anzahl ausländischer Währungen (e_i = Wechselkurs der Währung des Landes i; g_i = Gewichtung, die die Bedeutung des Landes i für das Inland angibt; üblicherweise wird der Anteil des Außenhandels mit dem Land i am gesamten Außenhandel des Inlandes als Gewichtung verwendet):

$$e_e = \sum g_i \cdot e_i \quad \text{mit } \sum g_i = 1$$

Veränderungen des effektiven Wechselkurses sollen ein Indikator für die relative Stärke oder Schwäche einer Währung sein. Problematisch ist allerdings die Wahl des Gewichtungsfaktors; auch ist die Aussagekraft des gesamten Konzeptes eher gering.

3.3.2 Reaktion der Leistungsbilanz auf Wechselkursänderungen

In der folgenden Analyse wird der Einfluß von **Wechselkursänderungen** auf die Leistungsbilanz dargestellt.

Wir gehen von ausgeglichenen Teilbilanzen der Zahlungsbilanz und flexiblen Wechselkursen aus und nehmen an, daß Kapitalexporte (vgl. S. 34; Beispiel: Inländer kaufen ausländische Wertpapiere) die Nachfrage nach Devisen erhöhen. Dies führt bei flexiblen Wechselkursen zu einer Abwertung der inländischen Währung (= steigender Wechselkurs, z.B. von 1,50 DM für 1 $ auf 1,60 DM). Die Reaktionen analysieren wir zunächst in Inlandswährung und anschließend in Auslandswährung.

In der *Inlandswährung* entsteht auf den Export- und Importmärkten folgende Reaktion (zur Darstellungsform vgl. S. 37 f.):

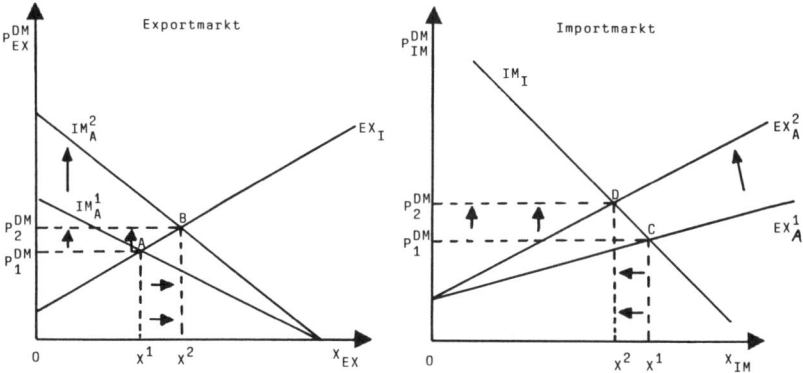

Wegen des steigenden Wechselkurses sinkt auf dem Exportmarkt c.p. der Abgabepreis für Inlandsgüter in Auslandswährung. Für die ausländischen Nachfrager inländischer Güter verbilligen sich also die Importgüter. Beispiel: Wenn ein Exportgut 30,- DM kostet und der Wechselkurs von 1,50 auf 1,60 für 1 $ steigt, brauchen die ausländischen Nachfrager zunächst nur 18,75 $ statt 20,- $ für das Importgut zu bezahlen. Deswegen fragen sie bei einem bestimmten Inlandspreis mehr nach. Geometrisch entspricht dies einer Drehung der Import-Nachfragekurve des Auslands IM_A nach oben. Sowohl Inlandspreis ($P_1^{DM} \Rightarrow P_2^{DM}$) als auch Menge ($X^1 \Rightarrow X^2$) steigen; d.h. der Exportwert in Inlandswährung steigt bei einer Abwertung immer.

Auf dem <u>Importmarkt</u> führt die Abwertung zu einer Verteuerung der ausländischen Güter. Die ausländische Exportangebotskurve EX_A dreht sich nach oben. Es gibt dabei zwei gegenläufige Effekte:

1. einen importwertsenkenden Mengeneffekt ($X^1 => X^2$) und

2. einen importwerterhöhenden Preiseffekt ($P_1^{DM} => P_2^{DM}$).

Welcher Effekt überwiegt, d.h. ob der Importwert im Ergebnis steigt oder sinkt, hängt von der Preiselastizität der inländischen Importnachfrage ε_I^{Im} ab:

- $\varepsilon_I^{Im} > 1$ =>   Preiseffekt > Mengeneffekt   =>   Importwert sinkt;

- $\varepsilon_I^{Im} = 1$ =>   Preiseffekt = Mengeneffekt   =>   Importwert unverändert; und

- $\varepsilon_I^{Im} < 1$ =>   Preiseffekt < Mengeneffekt   =>   Importwert steigt.

Wenn der Importwert stärker als der Exportwert steigt, führt eine Abwertung zu einem Handelsbilanzdefizit. Eine solche *anomale Reaktion* der Handelsbilanz würde das unter unseren Annahmen entstandene Zahlungsbilanzdefizit noch weiter vergrößern. Eine *normale Reaktion* der Handelsbilanz würde hingegen in Richtung eines Ausgleiches der Zahlungsbilanz wirken (weiteres hierzu im folgenden Abschnitt und auf S. 50).

Wir analysieren nun die Reaktion in *Auslandswährung* auf die Abwertung der Inlandswährung (= Aufwertung der Auslandswährung):

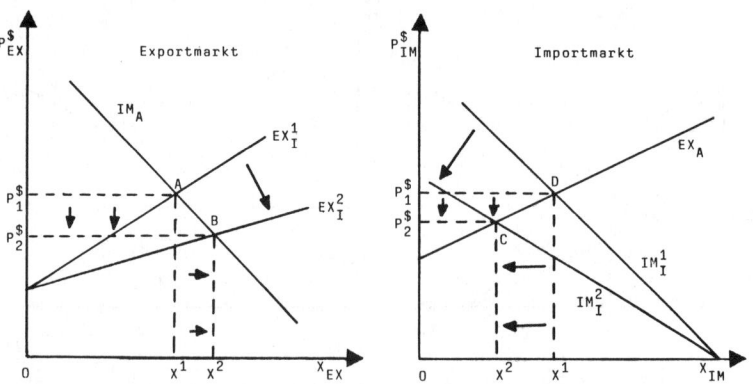

Auf dem <u>Exportmarkt</u> (Export des Inlands und Import des Auslands) werden in Auslandswährung die Güter des Inlands billiger. Die Angebotskurve für inländische Exportgüter EX_I dreht sich nach unten. Wiederum gibt es zwei gegenläufige Effekte:

1. einen exportwertsenkenden Preiseffekt ($P_1^{\$} => P_2^{\$}$) und

2. einen exportwertsteigernden Mengeneffekt ($X^1 => X^2$).

Welcher Effekt überwiegt, hängt von der Preiselastizität der ausländischen Importnachfrage ε_A^{Im} ab:

- $\varepsilon_A^{Im} > 1$ => Mengeneffekt > Preiseffekt => Exportwert steigt;
- $\varepsilon_A^{Im} = 1$ => Mengeneffekt = Preiseffekt => Exportwert unverändert; und
- $\varepsilon_A^{Im} < 1$ => Mengeneffekt < Preiseffekt => Exportwert sinkt.

Auf dem Importmarkt sinkt der Importwert in Auslandswährung immer.

Die verschiedenen Reaktionen sind in der folgenden Tabelle zusammengefaßt:

Reaktion in Inlandswährung:

Exportwert	ε_I^{Im}	Importwert	Reaktion der Leistungsbilanz
steigt immer, wenn $\varepsilon_A^{Im} > 0$; er steigt umso stärker, je elastischer die Nachfrage ist	> 1	sinkt	normale Reaktion
	= 1	unverändert	
	< 1	steigt	Exportwert > Importwert: normale Reaktion Exportwert = Importwert: Saldo bleibt unverändert Exportwert < Importwert: anomale Reaktion

Reaktion in Auslandswährung:

Importwert	ε_A^{Im}	Exportwert	Reaktion der Leistungsbilanz
sinkt immer, wenn $\varepsilon_I^{Im} > 0$	> 1	steigt	normale Reaktion
	= 1	unverändert	
	< 1	sinkt	Importwert > Exportwert: normale Reaktion Importwert = Exportwert: Saldo bleibt unverändert Importwert < Exportwert: anomale Reaktion

3.3.3 Die Elastizitätsanalyse des Leistungsbilanzausgleichs

In diesem Abschnitt werden die Bedingungen untersucht, unter denen die Leistungsbilanz normal reagiert, d.h. bei einer Abwertung aktiviert und bei einer Aufwertung passiviert wird.

Die einfachste Bedingung ist die **MARSHALL-LERNER-Bedingung**:

"Die Leistungsbilanz reagiert normal, wenn die Summe der absoluten Nachfrageelastizitäten von Inland und Ausland größer ist als 1."

(1) $$\left| \varepsilon_I^{Im} \right| + \left| \varepsilon_A^{Im} \right| > 1$$

Der MARSHALL-LERNER-Bedingung liegen zwei Annahmen zugrunde:

1. Die Elastizitäten von inländischem und ausländischem Angebot sind unendlich (d.h. nur Nachfragereaktionen werden einbezogen); und

2. Die Leistungsbilanz ist im Ausgangszustand ausgeglichen.

Die Aufhebung der zweiten Annahme führt zur **HIRSCHMAN-Bedingung**, die Wechselkursänderungen in Relation zu den Import- und den Exportmengen setzt:

(2) $\left| \varepsilon_I^{Im} \right| + \left| \varepsilon_A^{Im} \right| \cdot \dfrac{X_{Im}}{X_{Ex}} > 1$

Angebotseinflüsse werden bei der **ROBINSON-Bedingung** einbezogen:

(3) $\varepsilon_I^{Ex} \cdot \varepsilon_A^{Ex} \cdot \dfrac{X_{Ex}}{X_{Im}} \cdot \left(\varepsilon_A^{Im} + \varepsilon_I^{Im} \cdot \dfrac{X_{Im}}{X_{Ex}} + \dfrac{X_{Im}}{X_{Ex}} \right)$

$< \quad \varepsilon_I^{Im} \cdot \varepsilon_A^{Im} \cdot \left(\varepsilon_A^{Ex} + \varepsilon_I^{Ex} \cdot \dfrac{X_{Ex}}{X_{Im}} + \dfrac{X_{Ex}}{X_{Im}} \right) + \varepsilon_A^{Ex} \cdot \varepsilon_A^{Im} \cdot \left(1 - \dfrac{X_{Ex}}{X_{Im}} \right)$

Für den Fall des kleinen Landes vereinfacht sich die ROBINSON-Bedingung zu:

(4) $X_{Ex} \cdot \left(1 + \varepsilon_I^{Ex} \right) > X_{Im} \cdot \left(1 + \varepsilon_I^{Im} \right)$ mit $\varepsilon_A^{Im} \longrightarrow -\infty$ und $\varepsilon_A^{Ex} \longrightarrow \infty$

Aus der ROBINSON-Bedingung lassen sich folgende Aussagen ableiten:

- Hohe Angebotselastizitäten fördern die positiven Wirkungen ausgeprägter Preiselastizitäten beim Zahlungsbilanzausgleich; und

- geringe Angebotselastizitäten dämpfen die anomale Wirkung wenig elastischer Preiselastizitäten der Nachfrage.

Aufgrund von empirischen Untersuchungen, die auf niedrige Nachfrageelastizitäten hindeuteten, entstanden in den fünfziger Jahren Befürchtungen, daß bei einer Wechselkursänderung die Bedingungen für eine normale Reaktion der Leistungsbilanz nicht erfüllt sein würden und sie deshalb schweren Schaden anrichten könnte. Dieser **Elastizitätspessimismus** wurde damit begründet, daß Wechselkursänderungen den Preis importierter Waren im Importland relativ wenig beeinflussen würden, weil hierin Komponenten wie Vertrieb, Handelsspanne etc. enthalten seien, die sich durch Wechselkursänderungen nicht verändern würden. Deswegen seien die Nachfrageelastizitäten nur gering, und es wäre kaum möglich, die MARSHALL-LERNER-Bedingung zu erfüllen.

Im Gegensatz hierzu argumentierten Vertreter des **Elastizitätsoptimismus**, daß bei Außenhandel die Elastizitäten relativ hoch sein müßten, weil sie durch den Umfang der Substitutionsmöglichkeiten bestimmt werden, die sich durch Außenhandel normalerweise erhöhen müßten. Wenn die Nachfrageelastizitäten trotzdem niedrig seien, so sei dies nur kurzfristig und damit zu begründen, daß bei einer Wechselkursänderung die Mengenreaktion gegenüber der Preisänderung verzögert eintrete. So ergäbe sich kurzfristig eine anomale Reaktion, die sich aber nach einiger Zeit wieder normalisiere (**J-Kurven-Effekt**).

Weil sich bei einer Abwertung sowohl Exportpreise als auch Importpreise erhöhen (vgl. S. 41), bleibt zunächst unbestimmt, wie sich das relative Preisverhältnis zwischen Import- und Exportgütern, also die **Terms of Trade**, ändert. Die Wirkung hängt vom spezifischen Verlauf der Angebots- und Nachfragekurven ab. Hierbei gilt, daß sich die Terms of Trade verbessern, wenn gilt:

(5) $\quad \varepsilon_I^N \cdot \varepsilon_A^N \quad > \quad \varepsilon_I^A \cdot \varepsilon_A^A$

Sie bleiben gleich, wenn gilt:

(6) $\quad \varepsilon_I^N \cdot \varepsilon_A^N \quad = \quad \varepsilon_I^A \cdot \varepsilon_A^A$

Sie erhöhen sich, wenn gilt:

(7) $\quad \varepsilon_I^N \cdot \varepsilon_A^N \quad < \quad \varepsilon_I^A \cdot \varepsilon_A^A$

Die Terms of Trade ändern sich also um so eher zugunsten des abwertenden Landes, je größer die Nachfrageelastizitäten und je geringer die Angebotselastizitäten sind.

3.4 Währungsordnung und Zahlungsbilanzausgleich

Eine der zentralen Fragen der monetären Außenwirtschaftstheorie ist: Durch welche Selbststabilisierungsmechanismen kommt die (ökonomische) Zahlungsbilanz nach einer exogenen Störung wieder ins Gleichgewicht? Beispiel: Ein autonomer Anstieg der Exporte, der nicht von Kapitalexporten begleitet wird, die die Zahlungsbilanz wieder ausgleichen.

Grundsätzlich werden **vier Mechanismen** unterschieden:

- Geldmengenpreismechanismus,

- Geldmengenzinsmechanismus,

- Keynesianischer Einkommensmechanismus und

- Wechselkursmechanismus.

Die Funktionsweise dieser Mechanismen ist in hohem Maße von den institutionellen Gegebenheiten abhängig. Im folgenden werden die Selbststabilisierungsmechanismen beim Goldstandard, bei festen und bei flexiblen Wechselkursen untersucht.

3.4.1 Goldstandard

Die obern Staatsbankbeamten sind verpflichtet, Goldplomben zu tragen, die für das Papiergeld haften. Dieses nennt man dann Golddeckung. (KURT TUCHOLSKY)

Unter dem **Goldstandard** wird ein Währungssystem verstanden, das durch drei Prinzipien gekennzeichnet ist (vgl. auch Goldumlaufswährung in *Geldpolitik*, Abschnitt 2.1):

1. Definition der Währung in *festen Paritäten* zum Goldgewicht; der Wert des Geldes ist also an den Wert des Goldes gebunden.

2. *Konvertibilität im klassischen Sinne*, d.h. nicht vollwertiges Geld (= Papiergeld) kann vollständig und uneingeschränkt bei der Notenbank in vollwertiges Geld (= Gold) umgetauscht werden (Konvertibilität im modernen Sinne bedeutet freie Eintauschbarkeit einer Währung in eine andere). Zur Erfüllung dieses Prinzips ist das umlaufende Papiergeld durch Goldbestände bei der Notenbank gedeckt (**Golddeckung**).

3. *Freier Kapitalverkehr*, d.h. internationale Gold- und Kapitaltransaktionen werden nicht durch den Staat beschränkt.

Dieses Währungssystem entstand im 19. Jahrhundert von England ausgehend und brach bei Beginn des ersten Weltkriegs zusammen. – Die **Deckungsvorschriften** waren in den einzelnen Ländern durchaus unterschiedlich: In einigen Ländern waren 100 % des umlaufenden Geldes durch Gold gedeckt (beispielsweise in England), in anderen Ländern, darunter Deutschland, nur ein Teil.

Nimmt man Vollbeschäftigung und – bis auf den Goldpreis – vollkommen flexible Preise an, war die Funktionsweise des Goldstandards durch drei Eigenschaften gekennzeichnet: Langfristige Stabilisierung des Preisniveaus durch Interaktion von Goldproduktion und Preisniveau, Wechselkursstabilität durch Goldarbitrage und automatischer Zahlungsbilanzausgleich durch den Geldmengenzins- und den Geldmengenpreismechanismus.

1. **Interaktion von Goldproduktion und Preisniveau.** Um die Preisniveaustabilität zu sichern, ist im Goldstandard eine gleichmäßige Gold- und damit Geldversorgung notwendig. Dies wird durch folgenden Mechanismus garantiert:

Eine übermäßige Goldproduktion führt zu einem Anstieg der Geldmenge. Damit steigt die Nachfrage, was (bei Vollbeschäftigung) zu Inflation führt (vgl. *Geldpolitik*, Kapitel 9). Durch den Preisniveauanstieg verteuern sich die Produktionskosten für Gold, während der Goldpreis gleich bleibt (vgl. 1. Prinzip). Dadurch geht die Goldproduktion und die daraus folgende Geldschöpfung zurück; monetäre Nachfrage und schließlich das Preisniveau sinken wieder.

Sinkt das Preisniveau zu stark, wird die Goldproduktion wieder relativ billig; sie steigt wieder. Damit erhöht sich auch wieder die Nachfrage.

Durch diese Interaktion von Goldproduktion und Preisniveau entsteht ein *langfristig stabiles Preisniveau*, das kurzfristig aber zyklisch schwanken kann. Voraussetzung hierfür ist, daß sich die Bedingungen der Goldproduktion in der betrachteten Periode nicht ändern. Eine Innovation, die die Goldproduktion dauerhaft verbilligt, würde auch zu einer dauerhaften Änderung des Preisniveaus führen.

2. **Goldarbitrage**. Voraussetzung für die Funktionsweise der unten (Ziffer 3) beschriebenen Ausgleichsmechanismen der Zahlungsbilanz ist die *Stabilität der Wechselkurse*. Sie wird durch Goldarbitrage gesichert:

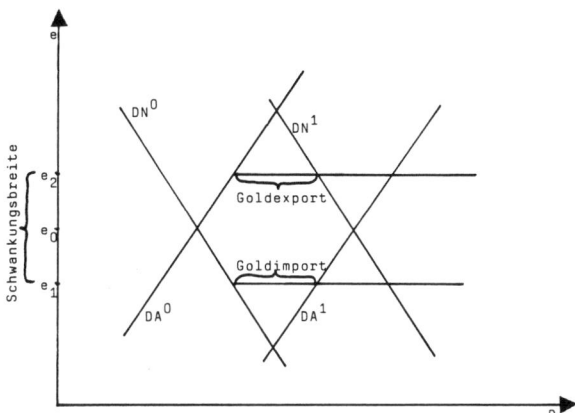

Wir gehen von einem Gleichgewichtskurs e_0 aus und nehmen steigende Nachfrage nach Devisen an (DN^0 => DN^1), beispielsweise aufgrund eines autonomen Anstiegs der Importe.

Das Gleichgewicht auf dem Devisenmarkt ist nun gestört; die eigene Währung wird abgewertet. Der Anstieg des Wechselkurses (= Abwertung, vgl. S. 40) bewirkt, daß der Goldpreis im Inland relativ zu dem im Ausland sinkt. Arbitrageure werden deswegen im Inland Gold kaufen und es im Ausland verkaufen. Das ausländische Geld tauschen sie am Devisenmarkt in inländisches Geld um. Durch diese **Goldarbitrage** steigt das Devisenangebot (DA^0 => DA^1); die heimische Währung wird wieder aufgewertet und der Wechselkurs hat sich stabilisiert.

Im umgekehrten Fall, beispielsweise bei einem autonomen Anstieg der Exporte, läuft dieser Prozeß der Wechselkursstabilisierung analog ab.

Goldarbitrage lohnt sich aber nur, wenn die Erträge aus der Preisdifferenz die Kosten der Goldarbitrage übersteigen. Die Punkte, ab denen sich Arbitrage lohnt, nennt man *Goldimportpunkt* (e_1) bzw. *Goldexportpunkt* (e_2). Zwischen diesen Punkten kann der Devisenkurs frei schwanken; nur bei stärkeren Abweichungen führt die Goldarbitrage zu einer Wechselkursstabilisierung.

Bemerkenswert ist, daß für Wechselkursstabilität durch Goldarbitrage keine politische Einigung mit den anderen Teilnehmerländern erforderlich ist (wie bei festen Wechselkursen), sondern nur die Einhaltung der aufgeführten drei Prinzipien des Goldstandards. Deswegen wäre dieses System auch bei privaten und gewinnorientierten Notenbanken funktionsfähig (vgl. *Geldpolitik*, Abschnitt 1.2).

3. **Geldmengenzins- und den Geldmengenpreismechanismus.** Für die nun folgende Analyse des *Zahlungsbilanzausgleichs* nehmen wir an, daß im Ausgangszustand zwischen zwei Ländern A und B die einzelnen Teilbilanzen der Zahlungsbilanz ausgeglichen sind. Land A fragt nun durch eine autonome Nachfrageerhöhung mehr Güter aus Land B nach, so daß in A ein Handelsbilanzdefizit und in B ein Handelsbilanzüberschuß entsteht.

Die Exporteure aus B tauschen dann die als Bezahlung erhaltene Währung aus A bei der Notenbank von A gegen Gold ein, das sie bei der eigenen Notenbank in die heimische Währung umtauschen. Hierdurch vermindert sich die Geldmenge in A und erhöht sich die Geldmenge in B. Der Goldabfluß von A nach B bewirkt, daß die (ökonomische) Zahlungsbilanz (vgl. S. 35) beider Länder ins Ungleichgewicht gerät; A hat ein Defizit und B einen Überschuß.

Im Goldstandard setzen jetzt zwei Ausgleichsmechanismen ein, die die Zahlungsbilanzen wieder ins Gleichgewicht bringen:

- **Geldmengenpreismechanismus.** Mit dem Anstieg der Geldmenge steigt im Land B die monetäre Nachfrage; im Land A sinkt mit der Geldmenge die monetäre Nachfrage. Daraus resultiert in B tendenziell einen Preisniveauanstieg und in A tendenziell eine Preisniveausenkung. Weil der Wechselkurs wegen der Goldarbitrage (Ziffer 2) stabil bleibt, hat die unterschiedliche Entwicklung der Preise in beiden Ländern die Folge, daß sich die Güter aus Land A relativ zu denen aus Land B verbilligen. Dies führt zu einer Zunahme der Exporte von A nach B und zu einer Verminderung der Exporte von B nach A. Dies hat eine Aktivierung der Handelsbilanz von A und eine Passivierung der Handelsbilanz von B zur Folge, worauf es zu Goldabflüssen aus B nach A kommt, die dazu beitragen, die Zahlungsbilanz wieder ins Gleichgewicht zu bringen.

- **Geldmengenzinsmechanismus.** Der Anstieg der Geldmenge in B bewirkt eine Senkung des Zinssatzes auf dem Geldmarkt in B. Dies bewirkt auf dem Kapitalmarkt, daß sich die Nachfrage nach Wertpapieren erhöht, die Kurse steigen und auch dort die Zinsen sinken. Analog bewirkt in A die Reduzierung der Geldmenge eine Geldmarktzinserhöhung und in der Folge eine Kapitalmarktzinserhöhung (hat A eine Goldparität mit Teildeckung, sind noch weitergehende zinssteigernde Aktionen der Notenbank von A zu erwarten, weil sie, um das Deckungsverhältnis aufrecht zu erhalten, nach den Goldabflüssen die Geldmenge weiter verknappen muß). Diese Zinsänderungen wirken sich durch zwei Übertragungswege auf die Zahlungsbilanz aus, den Gütermarkt und den Kapitalmarkt:

  - über den *Gütermarkt:* In B stimulieren die niedrigen Zinsen die Nachfrage vor allem nach Investitionsgütern, was zu steigenden Importen und in der Folge zu Goldabflüssen führt. In A bremsen die gestiegenen Zinsen die Nachfrage insbesondere nach Investitionsgütern; die Importe und damit die Goldabflüsse gehen zurück. Dies wirkt in Richtung Zahlungsbilanzausgleich.

  - über den *Kapitalmarkt:* Die Zinsdifferenzen zwischen A und B führen dazu, daß sich Arbitrageure in B Geld leihen und es in A wieder anlegen, um von den unterschiedlichen Zinsen zu profitieren. Diese **Zinsarbitrage** ruft also Kapitalexporte von B nach A sowohl im kurz- wie auch im langfristigen Kapitalverkehr hervor, bis sich die Zinsen zwischen A und B wieder ausgeglichen haben und sich die Arbitrage nicht mehr lohnt. Auf diese Weise entsteht ein Kapitalverkehrsbilanzüberschuß in B bzw. -defizit in A, welche den Handelsbilanzsalden gegenüberstehen. Insbesondere die Zinsreagibilität des langfristigen Kapitalverkehrs dürfte sehr hoch sein; weil es im Goldstandard nahezu kein Wechselkursrisiko gibt, ist es möglich, auch langfristig Zinsarbitragen ungesichert vorzunehmen und auch geringe Zinsdifferenzen gewinnbringend zu nutzen.

Wegen der im Vergleich zu den Gütermärkten hohen Anpassungsgeschwindigkeit der Finanzmärkte muß wohl die Anpassung der Zahlungsbilanz über den Kapitalmarkt als besonders wichtig angesehen werden.

Zur **Geldpolitik unter dem Goldstandard** ist noch anzumerken, daß sie keine binnenwirtschaftlichen Ziele verfolgte, sondern sich außenwirtschaftlich orientierte und zwecks Erhalt des Währungssystems um eine Sicherung der Deckungsvorschriften bemüht war. Zur Verfolgung dieses Ziels gab es nur zwei Instrumente:

- die Diskont- und Lombardpolitik (vgl. *Geldpolitik*, Abschnitt 6.2) und

- eine Veränderung der Goldankaufspunkte (vgl. S. 47), um die Arbitragekosten und damit die Goldexport- bzw. Goldimportpunkte zu beeinflussen.

Durch die Bindung an die Deckungsvorschriften wurde die Unabhängigkeit der Geldpolitik aufgegeben; eine autonome inflatorische Politik war nicht möglich. Deswegen wurde die Golddeckung oft auch als "**goldene Bremse**" für die Inflation bezeichnet.

3.4.2 Feste Wechselkurse

Grundsätzlich gelten auch in einem System fester Wechselkurse der Geldmengenzins- und der Geldmengenpreismechanismus; allerdings kommen die Geldmengenwirkungen nicht durch die Goldarbitrage, sondern durch die Ankaufverpflichtungen der Notenbanken für die Devisenzuflüsse zustande. Zudem können Kapitalverkehrsbeschränkungen die ungesicherte Zinsarbitrage behindern; sie ist zudem anfällig gegen Änderungen der vertraglich festgelegten Paritäten (hierdurch läßt sich auch bei festen Wechselkursen langfristig das Wechselkursrisiko nicht ausschließen).

Bisher wurden flexible Preise und Vollbeschäftigung angenommen; bei starren Preisen und keynesianischer Unterbeschäftigung in In- und Ausland sind die bisher untersuchten Mechanismen aber nicht mehr wirksam.

Der Zahlungsbilanzausgleich erfolgt dann durch den **keynesianischen Einkommensmechanismus**: Wir nehmen wiederum an, daß in Land B die Nachfrage nach Exportgütern steigt. Hierdurch wird neues Einkommen geschaffen (bei Vollbeschäftigung wäre das Einkommen nicht mehr steigerbar; mehr Nachfrage würde zu Inflation führen). Bei erhöhtem Einkommen wird mehr nachgefragt und mehr gespart. Die zusätzliche Nachfrage bewirkt eine höhere Importnachfrage (d.h. Nachfrage nach Gütern aus A), die zusätzliche Ersparnis zusätzliche Kapitalexporte. Dies wirkt auf einen Zahlungsbilanzausgleich hin. In A bewirkt die erhöhte Nachfrage ein erhöhtes Einkommen, worauf auch in A mehr gespart wird und mehr Importe (d.h. Güter aus B) nachgefragt werden. Es entsteht ein Multiplikatorprozeß (vgl. dazu *Makroökonomik*), in dem durch Interaktion Sozialprodukt und Beschäftigung in beiden Ländern steigen und der zu einem Endgleichgewicht mit wieder ausgeglichenen Zahlungsbilanzen führt.

3.4.3 Flexible Wechselkurse

Bei flexiblen Wechselkursen gleicht sich die Zahlungsbilanz normalerweise nicht durch die Geldmengenmechanismen aus, weil die Notenbanken nicht zu Devisenkäufen verpflichtet sind und so die Devisenbilanz und damit die (ökonomische) Zahlungsbilanz ausgeglichen halten. (Notenbankinterventionen gibt es auch bei flexiblen Wechselkursen, diese dienen aber in der Regel dem Glätten spekulativer Kursschwankungen und führen langfristig nicht zu Ungleichgewichten.)

Die Wirkung des keynesianischen Einkommensmechanismus ist nicht mehr eindeutig. Beispielsweise führt ein Konjunkturaufschwung in einem Land normalerweise zu einer Aufwertung; dies kann in einem anderen Land die Importpreise so sehr verteuern, daß in diesem Land eine Depression ausgelöst wird (**LAURENZEN-METZLER-Effekt**).

Der wesentliche Mechanismus zum Ausgleich der Zahlungsbilanz ist der **Wechselkursmechanismus**: Eine autonome Erhöhung der Exporte (oder, bei Kapitalverkehr, der Kauf inländischer Wertpapiere durch Ausländer) führt zu erhöhten Deviseneinnahmen.

Verwenden nun die inländischen Besitzer der Devisen diese nicht für Importe oder Kapitalexporte, wollen sie die Devisen in Inlandswährung tauschen. Bei flexiblen Wechselkursen ist dies nicht bei der Notenbank, sondern nur am freien Devisenmarkt möglich, wo sich der Kurs aus dem Zusammenwirken von Angebot und Nachfrage bildet. Durch das erhöhte Devisenangebot entsteht ein Ungleichgewicht am Devisenmarkt; ein Gleichgewicht kann nur durch eine Preissenkung für Devisen (= Aufwertung der inländischen Währung) erreicht werden. Dies verteuert die Exporte ins Ausland und verringert sie damit. Die Importe aus dem Ausland werden billiger und steigen, bis die Zahlungsbilanz wieder im Gleichgewicht ist (vgl. S. 41 ff.).

Voraussetzung für die Funktionsweise des Wechselkursmechanismus ist, daß die auf S. 43 f. beschriebenen Bedingungen für eine normale Reaktion der Leistungsbilanz erfüllt sind. Andernfalls wirken Wechselkursänderungen destabilisierend.

3.5 Importierte Inflation

3.5.1 Importierte Inflation bei festen Wechselkursen

Unter **Inflation** versteht man einen Prozeß andauernder Preisniveausteigerungen (vgl. **Geldpolitik**, Abschnitt 4.4). **Importierte Inflation** liegt vor, wenn Inflation im Ausland auch im Inland zu andauernden Preisniveausteigerungen führt.

Bei **festen Wechselkursen** gibt es vier wesentliche Übertragungskanäle für eine importierte Inflation:

1. **Direkter Preiszusammenhang.** Ein Anstieg der Preise im Ausland führt zu einem Anstieg der Preise für ausländische Güter auf dem Inlandsmarkt, womit auch der Preisindex für das Inland steigt.

2. **Kostenmechanismus.** Inflation im Ausland führt zu einem Anstieg der Preise der ausländischen Vorprodukte für die inländische Produktion. Diese Kostensteigerungen führen zu höheren Preisen der inländischen Endprodukte.

3. **Nachfragemechanismus.** Wegen der erhöhten Preise im Ausland kommt es im Inland zu einer Verminderung der Importe und zu einer Steigerung der Exporte. Bei Vollbeschäftigung führt dies zu einem Anstieg der gesamtwirtschaftlichen Nachfrage über das Angebot. Die Anpassung, die Angebot und Nachfrage wieder ins Gleichgewicht bringt, ist eine Erhöhung des inländischen Preisniveaus, also Inflation.

4. **Geldmengenmechanismus.** Die Verminderung der Importe und Steigerung der Exporte (Handelsbilanzüberschuß!) führen zu Devisenzuflüssen. Bei festen Wechselkursen ist die Notenbank zum Ankauf der Devisen verpflichtet und erhöht damit die Geldmenge. Hierdurch steigt die Nachfrage im Inland und paßt sich erst nach einer inflatorischen Anpassung wieder an das Angebot an.

Bei festen Wechselkursen ist nur der nominale Wechselkurs fest, nicht aber der reale (vgl. S. 40). Dieser wird durch Inflation im Ausland verändert; die Inflation im Inland führt dazu, daß der reale Wechselkurs wieder seinen ursprünglichen Wert erreicht.

3.5.2 Importierte Inflation bei flexiblen Wechselkursen

Unter idealtypischen Annahmen verhindert der Wechselkursmechanismus des Zahlungsbilanzausgleichs importierte Inflation, weil bei einer Störung des realen Wechselkurses durch ausländische Inflation dieser wieder durch eine gleiche Änderung von nominalem Wechselkurs und ausländischem Preisniveau erreicht wird; das inländische Preisniveau bleibt unberührt.

Dennoch ist importierte Inflation möglich, wenn die eigene Währung geringer aufgewertet wird als das Ausland inflationiert. Gründe hierfür können sein:

- Die Notenbanken intervenieren am Devisenmarkt;

- die Anpassungsprozesse verlaufen verzögert, so daß die Elastizitätsbedingungen für eine normale Leistungsbilanzreaktion kurzfristig nicht erfüllt sind; und

- internationale Kapitaltransaktionen verändern die Wechselkurse.

3.6 Wechselkurstheorie

3.6.1 Keynesianisches Wechselkursmodell

Das **keynesianische Wechselkursmodell** (= MUNDELL-FLEMMING-Modell) ist eine Erweiterung des keynesianischen Modells (vgl. *Makroökonomik*) auf die offene Volkswirtschaft. Charakteristisch für dieses Modell sind:

- die kurzfristige Betrachtungsweise,
- die Orientierung an Güter- und Handelsströmen und deren Abhängigkeit von Wechselkursänderungen und Einkommensdaten,
- die Annahme starrer Güterpreise und eines unendlich elastischen Faktorangebots (=> keynesianische Arbeitslosigkeit) und
- die Vernachlässigung von Erwartungen und Vermögenseffekten.

Kern des Modells ist die **Devisenmarktgleichung**, die das Nettoangebot an Devisen Z eines Landes (i. S. eines Stromgrößenangebots) als Funktion des Wechselkurses e abbildet und mit der sich ein Stromgrößengleichgewicht am Devisenmarkt bestimmen läßt:

$$(8) \qquad Z = X(e, Y_I, Y_A) + K(i, i_A)$$
$$\qquad\qquad\;\; (+)\,(-)\,(+) \qquad\;\; (+)\,(-)$$

Z ist die Summe aus den Nettoexporten X und den Nettokapitalimporten K. K ist positiv abhängig vom Wechselkurs e, negativ von der inländischen Güterproduktion Y_I und positiv von der ausländischen Güterproduktion Y_A: K hängt positiv vom Inlandszins i und negativ vom Auslandszins i_A ab. – Bei flexiblen Wechselkursen ist Z = 0; bei festen Wechselkursen ist Z die Veränderung der Nettodevisenposition der Notenbank.

Das Stromgleichgewicht am inländischen Kapitalmarkt wird folgendermaßen bestimmt (vgl. *Makroökonomik*):

$$(9) \qquad Y_I = C(Y_I) + \ln(i) + G + X(e, Y_I, Y_A)$$
$$\qquad\qquad\;\; (+) \qquad\;\; (-) \qquad\;\;\; (+)\,(-)\,(+)$$

Die inländische Güterproduktion Y_I wird verwendet für die private Konsumnachfrage C, die Investitionsnachfrage In, autonome Ausgaben des inländischen Staates G und Nettoexporte X. Das Bestandsgleichgewicht am Geldmarkt wird wie folgt bestimmt (M = Geldangebot, P = [konstantes] Preisniveau, L = Geldnachfrage):

$$(10) \qquad M/P = L(i, Y_I)$$
$$\qquad\qquad\qquad\;\;\; (-)\,(+)$$

In der folgenden Abbildung wird das Devisenmarktgleichgewicht durch die Z-Kurve dargestellt, das Gütermarktgleichgewicht durch die IS-Kurve und das Geldmarktgleichgewicht durch die LM-Kurve:

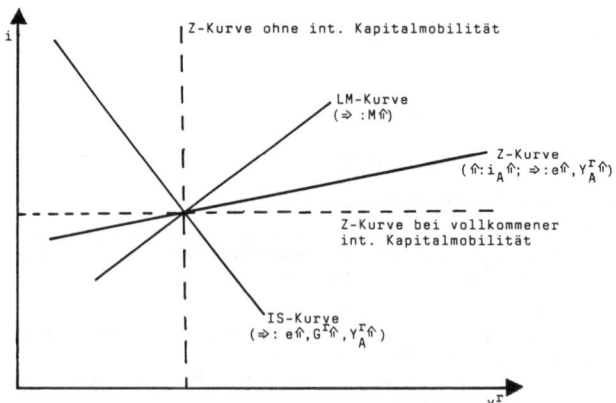

Die **IS-Kurve** verschiebt sich nach rechts bei einer Erhöhung des Wechselkurses, einer Erhöhung der Staatsausgaben oder bei einer Erhöhung der Auslandsnachfrage. Die **LM-Kurve** verschiebt sich bei einer Erhöhung des Geldangebots nach rechts. Die **Z-Kurve** verschiebt sich bei einer Erhöhung des Auslandszinses nach oben und bei einer Erhöhung des Wechselkurses oder der ausländischen Nachfrage nach rechts. Die Z-Kurve · verläuft umso flacher, je höher die Kapitalmobilität ist. Ohne Kapitalmobilität ist die Z-Kurve für ein bestimmtes Sozialprodukt gegeben (vertikale Z-Kurve); bei vollkommener Kapitalmobilität ist sie für einen bestimmten Zins gegeben (horizontale Z-Kurve).

Unter den Annahmen einer normalen Reaktion der Leistungsbilanz, nicht zinsunelastischer Geldnachfrage und eines Devisenbilanzgleichgewichtes als Ausgangspunkt führt das Modell bei festen und flexiblen Wechselkursen zu folgenden Ergebnissen:

1. **Feste Wechselkurse.** Wegen des Ankaufzwangs für Devisen ist der *Geldpolitik* die Autonomie genommen. Geldpolitik, die zu einer Zinssenkung führt, ist völlig wirkungslos, weil sie Kapitalabflüsse auslöst, die den Inlandszins wieder nach oben treiben. Eine Wirkung ist nur bei einem sehr großen Land denkbar, wenn Feed Back-Wirkungen aus dem Ausland entstehen. Eine Abschirmung gegen inflationäre Impulse aus dem Ausland ist nicht möglich.

   Die *Fiskalpolitik* (hier gleichgesetzt mit defizitfinanziertem Anstieg der Staatsausgaben) wird bei hoher Kapitalmobilität (Z-Kurve verläuft unterhalb der LM-Kurve) durch ausländische Devisenzuflüsse, die eine Geldschöpfung auslösen, verstärkt. Bei niedriger Kapitalmobilität (Z-Kurve liegt oberhalb der LM-Kurve) werden die Wirkungen der Fiskalpolitik durch Devisenabflüsse gedämpft.

2. **Flexible Wechselkurse.** *Geldpolitik*, die den Zins senkt, erhöht die inländische Nachfrage und führt zu Kapitalexporten. Diese Kapitalexporte bedingen ein Überschußangebot an Inlandswährung am Devisenmarkt; eine Abwertung entsteht, die die Exporte steigert, die Importe zurückdrängt und somit die Inlandsnachfrage weiter ankurbelt. Je zinselastischer die internationalen Kapitalströme reagieren, desto größer ist die Abwertung und damit die Einkommenswirkung der monetären Expansion.

   Fiskalpolitik erhöht, wenn sie kapitalmarktfinanziert ist, die Inlandsnachfrage (die aber durch den Zinsanstieg am Kapitalmarkt gedämpft wird) und die Importe, welche wiederum eine erhöhte Devisennachfrage hervorrufen und damit einen <u>Abwertungsimpuls</u>. Andererseits fragt das Ausland wegen der Zinssteigerungen vermehrt inländische Wertpapiere nach; hieraus ergibt sich ein erhöhtes Devisenangebot und damit ein <u>Aufwertungsimpuls</u>. Welcher Effekt überwiegt, hängt von der internationalen Kapitalmobilität ab: Ist sie hoch, dominiert der Kapitalmarkt den Gütermarkt und es kommt zu einer dämpfenden Aufwertung; ist sie niedrig, dominiert der Gütermarkt den Kapitalmarkt und es kommt zu einer verstärkenden Abwertung.

   Je höher also bei flexiblen Wechselkursen die Kapitalmobilität ist, desto wirksamer ist die Geldpolitik und desto geringer ist die Wirksamkeit der Fiskalpolitik.

Folgende **Kritikpunkte** am keynesianischen Modell sind zu nennen:

- Kapitalbewegungen werden nur als Stromgrößen, aber nicht unter Bestandsaspekten betrachtet.

- Währungssubstitution, Bewertungs- und Erwartungseffekte bleiben unberücksichtigt.

- Die Analyse hat nur kurzfristigen Charakter. Langfristige Aussagen sind nicht möglich; die Betonung der Abhängigkeit der Außenhandelsströme an Wechselkursänderungen ist fragwürdig, weil diese oft nur mit langen Verzögerungen reagieren. Die Anpassung von Preisen geschieht in der Praxis schneller als die von Mengen; der keynesianische Ansatz unterstellt aber das Gegenteil (vgl. J-Kurve, S. 44).

- Keynesianische Unterbeschäftigung ist eine spezielle Situation und damit ein fragwürdiger Ausgangspunkt für eine allgemeine Analyse von Wechselkursbewegungen.

3.6.2 Kaufkraftparitätentheorie

Die **Kaufkraftparitätentheorie** ist eine langfristige Aussage über die Wirkungen rein monetärer Störungen auf den Wechselkurs und das relative Preisniveau zwischen zwei Ländern. Sie postuliert die langfristige Neutralität des Geldes in einer offenen Volkswirtschaft. Die Kaufkraftparitätentheorie hat folgende Charakteristika:

- es werden ausschließlich Änderungen der Geldnachfrage und des Geldangebots (Bestandsgrößen) betrachtet,

- handelbare Wertpapiere bleiben unberücksichtigt,

- Geld existiert nur in der Form von Zentralbankgeld und ist das einzige Aktivum, das der Staat schaffen kann,

- die Neutralitätsaussage bezieht sich allein auf komparativ-statische Wirkungen im langfristigen Bestandsgleichgewicht und

- reale Faktoren, die zu langfristigen, dauerhaften Abweichungen von der Kaufkraftparität führen können (Beispiel: unterschiedliche Produktivitätsentwicklungen), werden nicht explizit betrachtet und stehen auch nicht im Widerspruch zur Kaufkraftparitätentheorie.

Begründet wird die Kaufkraftparitätentheorie mit der internationalen **Güterarbitrage**, d.h. dem Ausnutzen und Überbrücken von Preisunterschieden zwischen verschiedenen Ländern. Es gibt zwei Formulierungen der Kaufkraftparitätentheorie:

1. **Kaufkraftparitätentheorie im engen Sinne:** *"Der Preis international handelbarer Güter in einheimischer Währung P_I ist gleich dem Preis in ausländischer Währung P_A multipliziert mit dem Wechselkurs e":*

   (11) $P_I = e \cdot P_A$ bzw. $e = \dfrac{P_I}{P_A}$

2. **Kaufkraftparitätentheorie im weiten Sinne:** *"Der Wechselkurs verändert sich proportional zum jeweiligen Preisniveauverhältnis":*

   (12) $e = \delta \cdot \dfrac{P_I}{P_A}$ bzw. $\dfrac{de}{e} = \dfrac{dP_I / P_I}{dP_A / P_A}$

δ (Delta) ist ein Proportionalitätsfaktor, der die realwirtschaftlichen Bestimmungsgrößen des Wechselkurses erfaßt (Beispiel: Produktivitätsdifferenzen).

Kritikpunkte an der Kaufkraftparitätentheorie:

- Der Einfluß von Transaktionskosten auf die internationale Güterarbitrage bleibt unberücksichtigt.

- Mit den verschiedenen Preisniveaus werden Indizes mit international sehr unterschiedlichen Gewichtungen verglichen, deren Vergleichbarkeit fragwürdig ist (dies ist das gleiche Problem wie bei der Ermittlung des realen Wechselkurses, vgl. S. 40).

- Nur wenn monetäre Faktoren die realen Faktoren bei der Wechselkursbestimmung dominieren, kann die Kaufkraftparitätentheorie sinnvoll angewendet werden.

3.6.3 Monetärer Ansatz

3.6.3.1 Allgemeiner Ansatz

Die Charakteristika des **monetären Ansatzes** sind:

- Die Kaufkraftparitätentheorie gilt als langfristige Gleichgewichtsbeziehung, aber nicht als Kausalbeziehung;

- international handelbare Wertpapiere werden als vollständige Substitute betrachtet;

- Stromgrößen werden nicht betrachtet;

- die Geldnachfrage wird als stabil angenommen;

- der Ansatz ist ein Partialmodell: sowohl Volkseinkommen als auch Zinsbildung im In- und Ausland werden nicht betrachtet. Zur Interpretation als makroökonomisches Gleichgewichtsmodell sind folgende Annahmen notwendig:
  - kleines Land,
  - vollkommene Kapitalmobilität,
  - statische Erwartungen und
  - Vollbeschäftigung im Inland.

Die Modellstruktur ist einfach und ermöglicht eine gleichzeitige Bestimmung von Wechselkurs und Preisniveau (M_A = ausländisches Geldangebot):

$$(13) \qquad M = P_I \cdot \underset{(+) \ (-)}{L(Y_I, \ i)} \qquad\qquad \text{inländischer Geldmarkt}$$

$$(14) \qquad M_A = P_A \cdot \underset{(+) \ (-)}{L_A(Y_A, \ i_A)} \qquad\qquad \text{ausländischer Geldmarkt}$$

$$(15) \qquad e = \delta \cdot \frac{P_I}{P_A} \qquad\qquad \text{Kaufkraftparität}$$

Aus (13) und (14) eingesetzt in (15) ergibt als Lösung:

$$(16) \qquad e = \delta \cdot \frac{M \cdot L_A(Y_A, \ i_A)}{M_A \cdot L(Y_I, \ i)}$$

Dieser **gleichgewichtige Wechselkurs** ist bestimmt durch die relativen Geldangebote und Geldnachfragen der Länder. Hier liegt ein Bestandsgleichgewicht vor; die existierenden Währungsbestände müssen jeweils mit den gewünschten Währungsbeständen übereinstimmen.

Eine Zinserhöhung im Inland führt in diesem Ansatz zu einer Abwertung der heimischen Währung, weil die Geldnachfrage zurückgeht und das inländische Geldmarktgleichgewicht nur durch Geldabflüsse ins Ausland wiederhergestellt werden kann. Dieses Ergebnis steht im Gegensatz zu den Modellen, in denen Kapitalbewegungen eine Rolle spielen. Eine Zinserhöhung würde danach ausländisches Kapital anlocken; dies würde zu einer vermehrten Nachfrage nach inländischer Währung und zu einer Aufwertung führen.

Wenn wir Anpassungsgeschwindigkeiten einbeziehen, d.h. langsame Anpassung am Gütermarkt und sofortige Anpassung an den Finanzmärkten annehmen, kann die Kaufkraftparität kurzfristig außer Kraft gesetzt werden; die **Zinsparität** (= Identität von erwarteter Abwertung und Zinsdifferenz) bleibt aber immer erhalten. In Gleichung (17) ist e^* der erwartete Wechselkurs und $(e^* - e)/e$ die erwartete Änderungsrate des Wechselkurses:

(17) $i = i_A + \dfrac{e^* - e}{e}$ Zinsparität

Am monetären Ansatz läßt sich vor allem seine zu einfache Modellstruktur kritisieren. Insbesondere die Annahme, daß international handelbare Wertpapiere als vollkommene Substitute zu betrachten seien, ist unrealistisch und führt dazu, daß andere Ursachen für Wechselkursbewegungen als Geldnachfrage und Geldangebot - beispielsweise internationale Kapitalbewegungen - unberücksichtigt bleiben und beispielsweise Phänomene wie dauerhafte Abweichungen von der Kaufkraftparität nicht erklärt werden können.

3.6.3.2 Overshooting-Modell von DORNBUSCH

Mit seinem Overshooting-Modell versuchte DORNBUSCH, ein "Überschießen" des Wechselkurses (**Overshooting**), d.h. einen Wechselkurs oberhalb der Kaufkraftparität, zu erklären. Er traf folgende Annahmen:

- kleines Land;   ⎫ => Inland kann weder auf das
- vollkommene Kapitalmobilität, homogene   ⎬ inländische noch das ausländische
  inländische und ausländische Zinstitel;   ⎭ Zinsniveau Einfluß nehmen
- sofortige Markträumung auf Finanzmärkten; ⎫ => unterschiedliche Anpassungs-
- verzögerte Anpassung auf den Gütermärkten; ⎭ geschwindigkeiten
- das Preisniveau ist kurzfristig starr, langfristig aber flexibel; und
- die inländische Produktion ist auf Vollbeschäftigungsniveau fixiert.

Das Modell besteht aus den folgenden Gleichungen:

(18) $M = P_I \cdot L(Y_I, i)$ Geldmarktgleichgewicht, vgl. (13)

(19) $i - i_A = \dfrac{e^* - e}{e}$ Zinsparität, vgl. (17)

(20) $\dot{P} = s(Y_g(Y, i, KKP) - Y)$, $s > 0$ Preisanpassung

$\dot{P}$ ist die Preisanpassung in Abhängigkeit von der Anpassungsgeschwindigkeit auf dem Gütermarkt s. Y_g ist die gesamtwirtschaftliche Nachfrage und KKP die Kaufkraftparität.

Wir nehmen nun an, daß das Geldmarktgleichgewicht durch einen Anstieg der Geldmenge im Inland gestört wird und untersuchen den Anpassungsprozeß: Der Zins sinkt und es kommt zu Geldexporten. Die Währung verliert sofort an Wert, so daß die Zinsparität sofort wieder erfüllt ist. Auf dem Gütermarkt führen die Zinssenkung und die Abwertung mit einiger Verzögerung zu einer Ankurbelung der Nachfrage. Bei Vollbeschäftigung hat dies Inflation zur Folge; der inflatorische Prozeß setzt sich fort, bis die Kaufkraftparität wieder gilt.

In der Abbildung stellt die QQ-Kurve für den Geld- und Kapitalmarkt eine Gleichgewichtskonstellation von Preisniveau P und Wechselkurs e für ein nominales Geldangebot dar. Durch die Ausdehnung des Geldangebots wird die Kurve nach rechts verschoben. Wegen der sofortigen Markträumung auf den Finanzmärkten muß der neue Gleichgewichtspunkt auf der neuen Gleichgewichtskurve Q'Q' liegen, aufgrund der verzögerten Anpassung auf den Gütermärkten aber bei zunächst gleichem Preisniveau. Deshalb ist kurzfristig B das neue Gleichgewicht. Langfristig gibt es einen Anpassungsprozeß in Richtung Kaufkraftparität (45°-Linie); als langfristiges Gleichgewicht ergibt sich C.

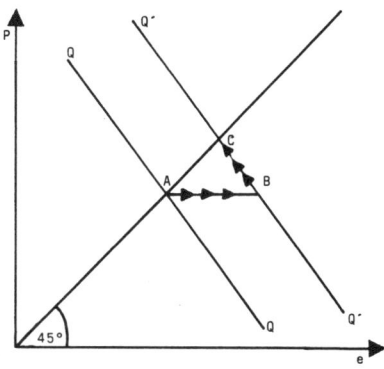

Am Overshooting-Modell von DORNBUSCH ist die für sein Ergebnis entscheidende Annahme zu kritisieren, daß sich Mengen schneller als Preise anpassen, weil es in der Realität oft umgekehrt ist.

3.6.4 Finanzmarktansatz

Hauptmerkmale des **Finanzmarktansatzes** sind:

- Orientierung an Bestandsgrößen;

- Behandlung der in- und ausländischen Wertpapiere als unvollkommene Substitute;

- es werden risikoaverse Anleger angenommen, die Vermögensanlagen international streuen, aber wegen des Wechselkursrisikos inländische Anlagen vorziehen;

- ein Überschießen des Wechselkurses kann erklärt werden, allerdings nicht wie im DORNBUSCH-Modell durch verzögerte Preisanpassungen, sondern durch die verzögerte Anpassung der Leistungs- an die Kapitalbilanz;

- permanente Abweichungen von der Kaufkraftparität können erklärt werden;

- die Rolle des Wechselkurses bzw. durch ihn ausgelöster Bewertungseffekte als Transmissionsmechanismus zwischen Geld- und Gütermärkten kann betrachtet werden; und

- der Wechselkurs wird gleichzeitig als Kaufpreis und als Bestandhaltepreis (= Differenz aus Kosten und Erlösen, die sich aus dem Halten einer bestimmten Währung ergeben) aufgefaßt.

Das **einfache Finanzmarktmodell** – in dem auf eine explizite Formulierung der Beziehungen zum Gütermarkt verzichtet wird – besteht aus vier Gleichungen. Auf der linken Seite steht jeweils das Bestandsangebot, auf der rechten Seite die Nachfrage (W = Gesamtvermögen, B = inländische Wertpapiere, F = ausländische Wertpapiere):

(21) $M = m(i, i_A) \cdot W$ Geldmarktgleichgewicht für
                 $(-)(-)$ inländisches Geld

(22) $B = b(i, i_A) \cdot W$ Kapitalmarktgleichgewicht für
                 $(+)(-)$ inländische Wertpapiere

(23) $e \cdot F = f(i, i_A) \cdot W$ Kapitalmarktgleichgewicht für
                     $(-)(+)$ ausländische Wertpapiere

(24) $W = M + B + e \cdot F$ Portfoliogleichgewicht

Die Nachfrage nach einer Anlageform reagiert positiv auf Veränderungen der eigenen Ertragsrate und negativ auf Veränderungen der Ertragsraten der alternativen Anlageformen.

In der linken Abbildung auf S. 59 ist **MM** der geometrische Ort aller Kombinationen von Inlandszins i und Wechselkurs e, für die ein Geldmarktgleichgewicht (21) erfüllt ist, **BB** der geometrische Ort aller Gleichgewichte am Kapitalmarkt für inländische Wertpapiere (22) und **FF** die Gleichgewichtskurve für die ausländischen Wertpapiere (23). Im Schnittpunkt dieser drei Kurven liegt das **Finanzmarktgleichgewicht**.

Der steigende Verlauf von MM resultiert daraus, daß durch einen Anstieg des Wechselkurses (= Abwertung, vgl. S. 40) der Wert bereits im Besitz befindlicher ausländischer Wertpapiere und damit das Gesamtvermögen steigt, daraufhin auch die Geldnachfrage, was zu einer Zinserhöhung führt. Der fallende Verlauf von BB folgt ebenfalls daraus, daß durch eine Erhöhung des Wechselkurses das Gesamtvermögen und damit auch die Wertpapiernachfrage steigt, was aber zu einer Zinssenkung am Kapitalmarkt führt (steigende Kurse => fallende Zinsen). Der fallende Verlauf der FF-Kurve resultiert daraus, daß bei einer Abwertung das Angebot an ausländischen Wertpapieren zunimmt. Dieser Angebotsüberschuß kann nur durch einen Anstieg der gesamten Wertpapiernachfrage kompensiert werden, was mit einer Zinssenkung im Inland verbunden ist. – Die FF-Kurve verläuft flacher als die BB-Kurve, weil angenommen wird, daß die Nachfrage nach inländischen Wertpapieren zinselastischer ist als nach ausländischen.

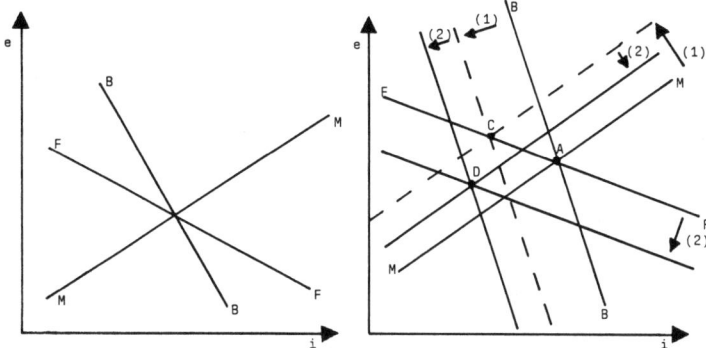

Wir analysieren nun stellvertretend für die gesamte Geldpolitik die Wirkungen einer ex-
pansiven Offenmarktpolitik (= Ankauf von inländischen Staatsanleihen durch die Notenbank am "offenen Markt"; vgl. *Geldpolitik*, Abschnitt 6.3) und gehen von einer zunächst
ausgeglichenen Leistungsbilanz und einem Wechselkurs, der der Kaufkraftparität entspricht, aus. Bei der Offenmarktpolitik wird im privaten Sektor der Bestand an inländischen Wertpapieren vermindert und dafür der Bestand an inländischem Geld um den
gleichen Betrag erhöht. Zunächst ändert sich also nur die Vermögensstruktur, nicht
aber der Vermögensbestand. Zu unterscheiden ist zwischen der kurzfristigen Wirkung
(in der rechten Abbildung: (1)) und der langfristigen Wirkung (2):

1. **Kurzfristige Wirkung.** Die optimale Vermögensstruktur der Privaten wird gestört, weil
   zuviel Geld und zuwenig Staatswertpapiere im Umlauf sind. Deswegen werden mehr
   inländische Wertpapiere nachgefragt; der Zins sinkt und die MM-Kurve verschiebt
   sich nach oben. Die Zinssenkung im Inland verstärkt die Nachfrage nach ausländischen Wertpapieren, eine Abwertung zur mengenmäßigen Erhöhung des Angebotes
   ist notwendig und die BB-Kurve verschiebt sich nach links. Kurzfristig entsteht also
   ein *Overshooting*, d.h. ein Wechselkurs oberhalb der Kaufkraftparität (A => C).

2. **Langfristige Wirkung.** Sie beruht auf den Auswirkungen des Finanzsektors (Bestandsgrößen) auf den realen Sektor (Stromgrößen) und dessen Rückwirkungen auf
   den Finanzsektor. Die Abwertung führt zu einem Leistungsbilanzüberschuß, der einen
   Kapitalexport bedingt, wodurch der Bestand an ausländischen Wertpapieren steigt
   (Verschiebung der FF-Kurve nach unten). Dies löst über den Anstieg des Gesamt-
   vermögens eine erhöhte Nachfrage nach Geld (Verschiebung der MM-Kurve nach
   unten) und Inlandspapieren (weitere Verschiebung der BB-Kurve nach links) aus. Als
   Folge steigen die Zinszahlungen aus dem Ausland (= Dienstleistungsexporte). Um die
   Leistungsbilanz wieder ins Gleichgewicht zu bringen, ist ein Handelsbilanzdefizit notwendig, das sich durch eine Aufwertung ergibt. Erreicht die durch die Aufwertung
   ausgelöste Verschlechterung der Handelsbilanz die Steigerung der Zinseinnahmen,
   stellt sich ein neues Gleichgewicht mit ausgeglichener Leistungsbilanz und einem
   Wechselkurs, der unter der Kaufkraftparität liegt, ein (= *Undershooting*; C => D).
   Es hat zwei wesentliche Eigenschaften:

- Der Zins ist niedriger als in der Ausgangssituation; und

- der Gleichgewichtswechselkurs ist niedriger als im Ausgangspunkt und niedriger als die Kaufkraftparität, weil jetzt ein Handelsbilanzdefizit notwendig ist, um die Zinsverpflichtungen des Auslands bei ausgeglichener Leistungsbilanz erfüllen zu können. Als Folge des kurzfristigen Overshooting ergibt sich langfristig ein dauerhaftes Undershooting; der Wechselkurs weicht also dauerhaft von der Kaufkraftparität ab.

In der unteren Abbildung wird die Entwicklung von Wechselkurs und Preisniveau abhängig von der Zeit dargestellt. Bis t_0 entwickeln sich nominaler Wechselkurs und Preisniveau gleichgerichtet (Kaufkraftparität), der reale ist gleich dem nominalen Wechselkurs. Nach Eintritt der Störung in t_0 ist der reale Wechselkurs kleiner als der nominale Wechselkurs (Overshooting). In t_i ist die Kaufkraftparität wieder erreicht (realer Wechselkurs = nominaler Wechselkurs). Jedoch ist liegt dann der reale Wechselkurs oberhalb des nominalen (Undershooting); in t_n ist das langfristige Gleichgewicht mit dauerhaftem Undershooting erreicht.

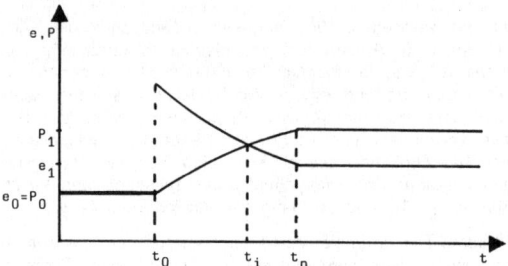

3.7 Währungsunionen und optimale Währungsräume

Unter einer **Währungsunion** versteht man ein *einheitliches Währungsgebiet mehrerer Länder mit unterschiedlichen Währungen*, wobei die Wechselkurse zwischen den beteiligten Ländern vollständig und unwiderruflich fixiert sind und der Zahlungsverkehr zwischen den Ländern frei und unbehindert ist (die Bezeichnung "Währungsunion" für die Einführung der DM in den östlichen Bundesländern ist also ungenau).

Ein **optimaler Währungsraum** ist ein *Gebiet, dessen wirtschaftliche Beziehungen zwischen den beteiligten Regionen nach innen am besten durch eine Währungsunion und nach außen am besten durch flexible Wechselkurse geregelt wären.*

Die **Theorie der Währungsunionen** untersucht, wann es für unterschiedliche Länder vorteilhaft wäre, sich zu Währungsunionen zusammenzuschließen. Wichtig sind hierbei zwei Fragestellungen:

1. Mit Hilfe welcher Kriterien läßt sich ein optimaler Währungsraum abgrenzen?

2. Wie sind die Faktoren, die für oder gegen einen Zusammenschluß zur Währungsunion sprechen, zu bewerten?

1. Die Frage nach einem Abrenzungskriterium ist gleichbedeutend mit der Frage: Wann ist der Wechselkurs als Mechanismus zur Abwehr außenwirtschaftlicher Störungen vorteilhaft (=> keine Währungsunion); und wann ist ein Verzicht auf den Wechselkurs als Anpassungsinstrument vorteilhaft, weil er schädliche Wirkungen hat und es bessere Anpassungsmechanismen gibt (=> Währungsunion)? Bei der Beantwortung sind mikro- und makroökonomische Kriterien zu unterscheiden.

Die *mikroökonomischen Kriterien* orientieren sich an der Notwendigkeit des Wechselkurses zur Verarbeitung mikroökonomischer Störungen, d.h. von Veränderungen der Angebots- oder Nachfragebedingungen, die eine Änderung von Preisverhältnissen erforderlich machen:

MUNDELL schlug als Kriterium die **Faktormobilität** vor, da, wenn nach einer Störung die erforderliche Anpassung der relativen Preise zwischen den Ländern durch Faktorwanderungen zwischen den Ländern geschehen könnte, Wechselkursänderungen zur Änderung des relativen Preisverhältnisses zwischen Ländern nicht mehr nötig wären. Ein optimaler Währungsraum wäre das Gebiet, in dem die Produktionsfaktoren Arbeit bzw. Kapital auf Lohn- bzw. Renditedifferenzen reagieren.

Kritisiert wird an MUNDELLs Kriterium, daß er die negativen Effekte der Arbeitskräftewanderung vernachlässigt; es ist plausibel anzunehmen, daß die Kosten der Arbeitskräftewanderungen die Anpassungskosten durch Wechselkursänderungen übersteigen. Auch ist zu bedenken, daß die Mobilität des Faktors Arbeit mit zunehmender Entfernung sehr stark abnimmt und deshalb selbst Arbeitskräftewanderungen innerhalb einer Region nicht immer wahrscheinlich wären.

MCKINNON schlug als Kriterium den **Offenheitsgrad** einer Volkswirtschaft vor. Hierbei definierte er den Offenheitsgrad als Verhältnis von nicht international gehandelten Gütern zu international gehandelten Güten in einer Volkswirtschaft. Für ihn war ein optimaler Währungsraum durch einen hohen Offenheitsgrad nach innen und einen niedrigen Offenheitsgrad nach außen gekennzeichnet. MCKINNONs Begründung war, daß eine Abwertung zu einer Importpreiserhöhung im Inland führen und damit das inländische Realeinkommen vermindern würde. Gewerkschaften würden versuchen, dem verminderten Einkommen durch kompensatorische Lohnforderungen entgegenzuwirken, die volkswirtschaftliche Abwärtsbewegung würde sich in der Folge in einer Lohn-Preis-Spirale weiter verstärken. Der negative Einkommenseffekt wäre um so stärker, je mehr die Volkswirtschaft in die Weltwirtschaft eingebunden ist, also je offener sie ist. Je offener also die Volkswirtschaften, desto günstiger wäre für sie eine Einbindung in eine Währungsunion.

An MCKINNONs Vorschlag läßt sich kritisieren, daß er implizit ein gegebenes Nominaleinkommen annimmt sowie ein gewisses Verhalten der Gewerkschaften, was zumindest langfristig unrealistisch sein dürfte. Außerdem übersieht er, daß mit dem Offenheitsgrad einer Volkswirtschaft die Anfälligkeit für makroökonomische Störungen (z.B. importierte Inflation, vgl. S. 50 f.) steigt; ein Verzicht auf den Wechselkurs als Anpassungsinstrument könnte dann fatale Folgen haben.

KENEN schlug als Kriterium den **Diversifikationsgrad** einer Volkswirtschaft vor. Seine Begründung war, daß sich bei sehr stark diversifizierten Volkswirtschaften eine hohe Verflechtung ergeben würde, mikroökonomische Störungen deshalb eine quantitativ geringe Bedeutung hätten und sich zudem gegenseitig neutralisieren würden. Deswegen würden Länder mit einem hohen Diversifikationsgrad den Wechselkurs als Anpassungsmechanismus nicht mehr benötigen und sollten sich zu einer Währungsunion zusammenschließen.

Kritisieren läßt sich an KENENs Vorschlag ähnlich wie bei MCKINNON, daß er makroökonomische Störungen, deren Absorbtion nur durch flexible Wechselkurse möglich ist, vernachlässigt. Außerdem kann für Entwicklungsländer die Anbindung an eine andere Währung trotz geringem Diversifikationsgrad sehr nützlich sein.

Wichtige *makroökonomische Kriterien* sind:

- Die **nationale Inflationsneigung**: Wenn die verschiedenen Länder gleiche Inflationsraten haben, ist eine Wechselkursänderung zur Abwehr makroökonomischer Störungen nicht notwendig. Kritisieren läßt sich hieran, daß mikroökonomische Faktoren unberücksichtigt bleiben und daß die nationale Inflationsneigung Ergebnis sozioökonomischer, institutioneller und wirtschaftspolitischer Faktoren ist, deren Stabilität fragwürdig ist. Der Vergleich nationaler Inflationsneigungen ist daher weniger als Kriterium, sondern mehr als Indikator für die Erfolgsaussichten einer Währungsunion geeignet.

- Die **Harmonisierung der Geld- und Fiskalpolitik** (Vorschlag von HABERLER): Auch dieses Kriterium stellt mehr eine Vorbedingung zur Realisation einer Währungsunion dar als ein Abgrenzungskriterium.

2. *Vorteile* eines Zusammenschlusses zur Währungsunion sind:

- Verringerte Transaktionskosten durch vereinfachten Währungstausch,
- verbesserte Allokation durch freien Kapitalverkehr und
- Wegfall von Wechselkursrisiken und damit von Absicherungskosten.

Nachteile sind:

- Verlust an geldpolitischer und fiskalpolitischer Autonomie,
- erhöhte Anfälligkeit für den geldpolitisch unsoliden Kurs eines Mitgliedslandes,
- das Entfallen des Wechselkurses als Anpassungsmechanismus und
- die Verminderung des **Währungswettbewerbes** zwischen den Notenbanken, d.h. der Anreiz für Notenbanken, durch eine relativ stabile Geldpolitik die Bedeutung der eigenen Währung zu erhöhen, wird reduziert.

Die Quantifizierung dieser Faktoren ist jedoch schwierig und eine exakte Aussage kaum möglich. Dennoch läßt sich aus dieser Theorie z.B. für den geplanten Zusammenschluß zu einer europäischen Zentralbank und der Einführung einer europäischen Währung - womit quasi eine Währungsunion entstünde - ableiten, daß dies, trotz der hierdurch verminderten Transaktionskosten, durch den ebenfalls verminderten Wettbewerb zwischen den europäischen Notenbanken um die stabilste Währung im Europäischen Währungssystem (EWS) nicht unproblematisch ist. Der bisherige Erfolg des EWS ist gerade darauf zurückzuführen, daß sich die europäischen Notenbanken gezwungen sahen, ihre Geldpolitik an der stabilsten Währung in Europa zu orientieren.

4 Übungsaufgaben

4.1 Fragestellungen

1. Warum exportiert ein Land Wein, wenn die Produktionskosten für Wein in diesem Land viel höher sind als in den anderen Ländern?

2. Wäre es ein Widerspruch, wenn ein hochindustrialisiertes Land wie die Bundesrepublik vor allem arbeitsintensiv hergestellte Güter exportiert und kapitalintensiv hergestellte Güter importiert?

3. Was ist die Aussage des RYBCZYNSKI-Theorems?

4. a) Was drückt die Tauschkurve aus?
b) Unter welchen Bedingungen verläuft die Tauschkurve flach und unter welchen Bedingungen steil?
c) Welche Punkte auf der Tauschkurve stellen für die Gesellschaft optimale Tauschwünsche dar?

5. Was sind die Terms of Trade?

6. Unter welchen Bedingungen kommt es zur Aufnahme von Außenhandel?

7. Ist die Analyse mit sozialen Indifferenzkurven so unproblematisch wie diejenige mit individuellen Indifferenzkurven?

8. Welche Eigenschaften hat das Weltmarktgleichgewicht?

9. Ein Entwicklungspolitiker fordert: "Die Entwicklungsländer sollten sich in die Weltwirtschaft integrieren, indem sie sich auf die Güter, bei denen sie komparative Vorteile besitzen, spezialisieren und diese wachstumspolitisch besonders fördern. Desweiteren sollten sie sämtliche Handelsschranken aufheben." Wie ist diese Ansicht zu beurteilen?

10. Welche Hauptwirkungen haben Zölle für das Inland und das Ausland?

11. Bei einer Meinungsumfrage äußert einer der Befragten, daß es notwendig wäre, zum Schutz der deutschen Industrie und der Arbeitsplätze billige Kohleimporte durch hohe Zölle zu behindern. Wie ist die Meinung des Befragten volkswirtschaftlich zu beurteilen?

12. Die Zahlungsbilanz muß, wie jede Bilanz, immer ausgeglichen und damit im Gleichgewicht sein. Können trotzdem Zahlungsbilanz"ungleichgewichte" entstehen?

13. Aus welchen Teilbilanzen besteht die Zahlungsbilanz?

14. Ein deutscher Geheimagent erhält von einer ausländischen Botschaft DM 100.000,-, die auf sein Girokonto überwiesen werden (a). Von diesem Geld kauft er eine Farm in Südamerika von einem deutschen Kaufmann (b). In Südamerika angekommen, stellt er fest, daß sein Grundstück unbrauchbar ist. Um sich den Rückflug zu finanzieren, verkauft er das Grundstück an die südamerikanische Tochter eines deutschen Konzerns. Er erhält dafür Landeswährung im Gegenwert von DM 3.000,- (c). Dieses Geld gibt er für ein Rückflugticket einer bundesdeutschen Fluggesellschaft (DM 2.000,-) und für Hotelzimmer (DM 1.000,-) aus (d+e). Welche Zahlungsbilanzbuchungen ergeben sich?

15. Ergäben sich in Frage 14 andere Buchungen, wenn der Geheimagent
a) die DM 100.000,- nicht durch Agententätigkeit, sondern durch Zinszahlungen aus ausländischen Wertpapieren erworben hätte?
b) sein Grundstück von einem englischen Kaufmann erworben hätte?

c) sein Grundstück an ein ausschließlich südamerikanisches Unternehmen verkauft hätte?
d) ein Flugticket einer schweizerischen Gesellschaft gekauft hätte?
e) das Ticket nicht in Landeswährung, sondern in DM bezahlt hätte?

16. Was versteht man unter einem potentiellen Defizit?

17. Ist es gut, wenn ein Land jedes Jahr sehr große Außenhandelsüberschüsse erzielt?

18. "Eine Aufwertung der inländischen Währung macht ausländische Güter billiger und verbessert somit die Terms of Trade. Damit verbessert sich die Versorgung im Inland". Wie ist diese Aussage zu beurteilen?

19. Die Merkantilisten empfahlen, Importe zu behindern und Exporte zu fördern. Was bezweckten sie damit? Warum irrten sie sich?

20. Die Funktionsweise des Goldstandards war an die Einhaltung von drei Prinzipien geknüpft. Welche Prinzipien waren dies und welche Eigenschaften hatte der Goldstandard bei der Einhaltung dieser Prinzipien?

21. a) Was versteht man unter Goldarbitrage?
b) Welchen ökonomischen Zweck erfüllte sie?

22. a) Was ist importierte Inflation?
b) Kann importierte Inflation durch nationale Geldpolitik verhindert werden?

23. "Durch internationale Kapitalströme kann der Wechselkurs zwar kurzfristig von der Kaufkraftparität abweichen, langfristig muß sie aber wieder erreicht werden." Ist diese Aussage richtig?

24. Welche Wirkung auf den Wechselkurs ergibt sich bei einem Anstieg des Inlandszinses
a) im keynesianischen Modell,
b) im monetären Ansatz und
c) im Finanzmarktansatz?

25. Welche Vorteile hat die geplante Vereinheitlichung der Währungspolitik in Europa? Welche Nachteile stehen den Vorteilen gegenüber?

4.2 Lösungshinweise

1. Dieses Land exportiert Wein, weil es komparative Kostenvorteile für Wein hat.

2. Nach dem Neofaktorproportionentheorem: nein. Vgl. S. 12

3. Vgl. S. 12 f.

4. a) Vgl. S. 13 f.
b) Die Tauschkurve verläuft flach, wenn die Nachfrage nach ausländischen Gütern relativ zu der nach inländischen Gütern sehr stark ist; sie verläuft steil, wenn die Nachfrage nach inländischen Gütern relativ zu der nach ausländischen Gütern sehr stark ist (vgl. S. 14).
c) Alle Punkte auf der Tauschkurve sind für eine Gesellschaft optimal; der Schnittpunkt der Tauschkurven ist für die ganze Welt optimal.

5. Die Terms of Trade sind das Austauschverhältnis von Inlands- gegen Auslandsgüter am Weltmarkt. Sie entsprechen damit dem Weltmarktpreisverhältnis.

6. Vgl. S. 19

7. Nein, es müssen einige spezielle Annahmen gemacht werden (vgl. S. 17).

8. Vgl. S. 21

9. Der Entwicklungspolitiker übersieht einerseits, daß einseitig exportorientiertes Wachstum vor allem Vorteile für das Ausland bringt und sogar zu einer Verschlechterung der Situation im Inland führen kann (Verelendungswachstum) und andererseits, daß es sinnvoll sein kann, sich entwickelnden Industrien Zollschutz zu gewähren (Erziehungszölle). Vgl. S. 24 u. S. 31

10. Vgl. S. 25 ff.

11. Eine solche Behinderung würde, wie jede Zollerhebung, die Allokation wegen der Verzerrung der Preisverhältnisse verschlechtern. Außerdem ist Kohle ein Vorprodukt; eine Belastung mit Zoll beeinträchtigt die Konkurrenzfähigkeit der inländischen Endprodukte am Weltmarkt und wirkt sich deswegen wahrscheinlich auf die inländische Industrie und die Beschäftigung im Ergebnis negativ aus. Vgl. S. 25

12. Die Zahlungsbilanz im statistischen Sinne muß immer ausgeglichen sein, nicht aber die Zahlungsbilanz im ökonomischen Sinne (vgl. S. 33 und S. 35).

13. Vgl. S. 33 ff.

14. a) Agententätigkeit: Dienstleistungsexport. Bezahlung: Abnahme der kurzfristigen Verbindlichkeiten des Inlands gegenüber dem Ausland.
b) Der Kauf des Grundstücks von einem Inländer durch einen Inländer löst keine Zahlungsbilanzbuchung aus, auch wenn das Grundstück im Ausland liegt.
c) Verkauf des Grundstücks an Ausländer (Auslandstöchter deutscher Unternehmen zählen als Ausländer): Abnahme der langfristigen Forderungen an das Ausland; Zunahme der kurzfristigen Forderungen an das Ausland
d) Der Kauf des Tickets einer deutschen Fluggesellschaft ist kein den Zahlungsbilanzsaldo beeinflussender Vorgang, auch wenn er im Ausland erfolgt.
e) Die Inanspruchnahme des Hotelzimmers ist ein Dienstleistungsimport; die sofort fälligen Forderungen an das Ausland nehmen ab.

Teilbilanz	Aktivseite	Passivseite
Dienstleistungsbilanz	Exporte	Importe
	+ 100.000,- (14a)	+ 1.000,- (14e)
		+ 2.000,- (15d)
		+ 2.000,- (15e)
Kapitalverkehr	Importe	Exporte
kurzfristig	- 100.000,- (14a)	+ 3.000,- (14c)
	+ 100.000,- (15b)	- 1.000,- (14e)
	+ 2.000,- (15e)	- 2.000,- (15d)
langfristig		- 3.000,- (14c)
		+ 100.000,- (15b)

15. a) nein
b) Die langfristigen Forderungen des Inlands an das Ausland würden um DM 100.000,-

zunehmen; gleichzeitig würden die kurzfristigen Verbindlichkeiten des Inlands gegenüber dem Ausland um DM 100.000,- steigen.

c) nein

d) Der Kauf würde als Dienstleistungsimport zählen; die sofort fälligen Forderungen an das Ausland nähmen ab.

e) Anstatt einer Abnahme der sofort fälligen Forderungen würde eine Zunahme der sofort fälligen Verbindlichkeiten gebucht.

16. Vgl. S. 37

17. Große Außenhandelsüberschüsse führen zu einem Zuwachs des Netto-Auslandsvermögens und zu einem Ressourcenabfluß. Der Nutzen des zusätzlichen Vermögens hängt davon ab, ob es realisierbare Erträge hervorbringt. Ein Transfer dieser Erträge ins Inland würde eine Umkehr der Handelsströme bedingen, d.h. Defizite in der Handelsbilanz. Wenn ein Land dauerhaft Überschüsse im Außenhandel aufweist, heißt dies, daß Ressourcen abfließen gegen den Erwerb von Ansprüchen, die aber nicht realisiert werden.

18. Eine Aufwertung kann auch inländische Güter verbilligen; die Wirkung auf die ToT hängt von den Elastizitäten und von Angebot und Nachfrage im In- und Ausland ab. Vgl. S. 44-45

19. Die Merkantilisten strebten nach Handelsbilanzüberschüssen, weil diese mit Goldzuflüssen verbunden waren, welche die Macht der jeweils regierenden Fürsten erhöhten. Sie übersahen die automatischen Zahlungsbilanz-Ausgleichsmechanismen, die die Goldzuflüsse wieder umkehrten. Vgl. S. 45-50

20. Vgl. S. 46 ff.

21. a) Vgl. S. 47

b) Durch sie wurde im Goldstandard der Wechselkurs stabilisiert.

22. a) Vgl. S. 50-51

b) Bei festen Wechselkursen ist keine Neutralisierung möglich; bei flexiblen Wechselkursen kann die Notenbank durch eine stetige Geldpolitik dem Inflationsimport entgegenwirken, ihn aber nur unter idealtypischen Bedingungen verhindern. Vgl. S. 51

23. Es kann auch zu langfristigen und dauerhaften Abweichungen von der Kaufkraftparität kommen (vgl. S. 60).

24. a) Der Wechselkurs sinkt (= Aufwertung) wegen der erhöhten Kapitalimporte.

b) Der Wechselkurs steigt (= Abwertung), weil ein Anstieg des Zinses die Geldnachfrage vermindert und so das Geldmarktgleichgewicht stört. Es wird durch Geldabflüsse ins Ausland wiederhergestellt, die über die erhöhte Devisennachfrage mit einer Abwertung verbunden ist. Die Annahme, daß inländische und ausländische Wertpapiere vollständige Substitute sind, führt dazu, daß Kapitalbewegungen für die Wechselkursveränderung irrelevant sind und dieses Ergebnis a widerspricht.

c) Der Zinsanstieg führt dazu, daß das Vermögen der Inländer sinkt und ihr Portfoliogleichgewicht gestört wird. Dies stellen sie durch den Verkauf ausländischer Wertpapiere wieder her. Weiterhin fragen Ausländer vermehrt inländische Wertpapiere nach. Beides bewirkt eine Senkung des Wechselkurses und das Entstehen eines Handelsbilanzdefizits. Zur Finanzierung der hieraus entstehenden Zinsverbindlichkeiten ist langfristig ein Außenhandelsüberschuß notwendig; der Wechselkurs steigt wieder und bleibt dauerhaft über dem ursprünglichen Wert.

25. Vgl. S. 62